O ADEVĂRATĂ SĂRBĂTOARE A BUCĂTĂRIEI TROPICALE

100 de feluri de mâncare delicioase de la Sunny Shores la masa ta

DAVID DRAGOMIR

Material cu drepturi de autor ©2024

Toate drepturile rezervate

Nicio parte a acestei cărți nu poate fi utilizată sau transmisă sub nicio formă sau prin orice mijloc fără acordul scris corespunzător al editorului și al proprietarului drepturilor de autor, cu excepția citatelor scurte utilizate într-o recenzie. Această carte nu trebuie considerată un substitut pentru sfaturi medicale, juridice sau alte sfaturi profesionale.

CUPRINS

CUPRINS **3**
INTRODUCERE **6**
MIJJUNURI TROPICALE **7**
    1. OMLETĂ TROPICALĂ 8
    2. BUDINCĂ DE CHIA CU ANANAS 10
    3. TOAST FRANȚUZESC TROPICAL 12
    4. VAFE AURII CU FRUCTE TROPICALE 14
    5. FRUCTE TROPICALE CRÊPE S 17
    6. BUDINCĂ DE NUCĂ DE COCOS TROPICALĂ 19
    7. CLĂTITE TROPICALE 21
    8. BOL CU IAURT TROPICAL 23
    9. SMOOTHIE BOWL CU FRUCTE TROPICALE 25
    10. CLATITE CU MANGO NUCA DE COCOS 27
    11. BOL TROPICAL ACAI 29
    12. BOL DE MIC DEJUN CU NUCĂ DE COCOS, MANGO, QUINOA 31
    13. PARFAIT DE MIC DEJUN PAPAYA LIME 33
    14. MIC DEJUN TROPICAL BURRITO 35
    15. PÂINE CU BANANE CU NUCĂ DE COCOS 37
    16. MIC DEJUN TROPICAL TACOS 39
    17. PÂINE PRĂJITĂ CU AVOCADO TROPICAL 41
GUSTĂRI TROPICALE **43**
    18. MIX DE GUSTĂRI TROPICALE 44
    19. CEVICHE COCKTAIL TROPICAL 46
    20. MUȘCĂTURI DE PROTEINE DE LĂMÂIE TROPICALĂ 48
    21. PIZZA CU NUCI TROPICALE 50
    22. BILE ENERGETICE DE ANANAS NUCĂ DE COCOS 52
    23. BROȘE CU FRUCTE TROPICALE 54
    24. POPCORN COCOS LIME 56
    25. GUACAMOLE DE COCOS LIME 58
    26. CREVEȚI DE COCOS 60
    27. BATOANE TROPICALE GRANOLA 62
    28. ROLL-UP-URI CU SALSA TROPICALĂ DE MANGO 64
    29. FRIGARUI DE ANANAS LA GRATAR 66
    30. MUȘCĂTURI DE BANANE DE COCOS 68
    31. DIP CU IAURT TROPICAL 70
    32. SALATĂ DE FRUCTE TROPICALE 72
TUIE TROPICALĂ **74**
    33. SALATĂ CREMOASĂ DE FRUCTE TROPICALE 75
    34. PUI TROPICAL CU ANANAS 77
    35. GUSTAȚI CREVEȚII DIN TROPICI 79

36. Carne de porc la grătar din Caraibe cu salsa tropicală 81
37. Coadă de homar cu fructe tropicale la grătar 83
38. Salată tropicală de fasole neagră cu mango 85
39. Bol cu orez tropical 87
40. Kebab de porc tropical 89
41. Carne de porc din Jamaica 91
42. Tofu cu mango curry 93
43. Salată cu fasole neagră din Caraibe și mango quinoa 95
44. Pui Teriyaki din Hawaii 97
45. Curry de creveți și nucă de cocos 99
46. Capră cu curry din Jamaica 101
47. Tacos cu pește în stil caraibian 103
48. Somon glazurat cu mango 105
49. Curry de legume din Caraibe 107
50. Pui Jerk cu Salsa de Mango 110
51. Coaste de porc Hawaiian BBQ 112
52. Friptură la grătar din Caraibe cu salsa de ananas 114

DESERTURI TROPICALE 116

53. Pavlova cu fructe tropicale 117
54. Sorbet tropical Margarita 119
55. Gelat tropical cu nucă de cocos și ananas 121
56. Fleac tropical 123
57. Înghețată tropicală 125
58. Mousse de fructe tropicale 127
59. Șerbet cu fructe tropicale 129
60. Popsicles de mango, nucă de cocos, chia 131
61. Panna Cotta de mango, nucă de cocos 133
62. Cupcakes Piña Colada 135
63. Mousse de fructe ale pasiunii 137
64. Orez lipicios de mango 139
65. Cheesecake cu guava 141
66. Tort cu susul în jos cu ananas 144
67. Macaroane cu nucă de cocos 147
68. Înghețată cu ananas și nucă de cocos 149
69. Budincă de orez cu nucă de cocos 151
70. Tartă cu mango și cocos 153
71. Sorbet de lămâie cu papaya 156
72. Budincă de banane cu nucă de cocos 158
73. Crumble de ananas și nucă de cocos 160

BĂUTURI TROPICALE 162

74. Apa tropicala 163
75. Paradis tropical 165
76. Ceai tropical cu gheață 167

77. Smoothie verde tropical picant 169
78. Smoothie cu mandarine tropicale 171
79. Smoothie tropical cu quinoa 173
80. Tropicala 175
81. Pina Colada 177
82. Daiquiri cu căpșuni 179
83. Margarita tropicală 181
84. Mocktail albastru hawaian 183
85. Mocktail Mango Mojito 185
86. Limead de cocos 187
87. Sangria tropicală 189
88. Răcitor de pepene verde 191
89. Ceai verde de mango 193
90. Pumn tropical 195
91. Ceai cu gheață Hibiscus 197
92. Cafea cu gheață tropicală 199

CONDIMENTE TROPICALE 201

93. Salsa de ananas-papaya 202
94. Salsa de mango 204
95. Chutney de nucă de cocos și coriandru 206
96. Chutney de Tamarind 208
97. Unt de fructul pasiunii 210
98. Sos de semințe de papaya 212
99. Sos BBQ Guava 214
100. Sos Mango Habanero 216

CONCLUZIE 218

INTRODUCERE

Răsfățați-vă simțurile într-o călătorie culinară care transcende granițele și vă transportă pe țărmurile însorite ale tropicelor cu „O adevărată sărbătoare a bucătăriei tropicale". Această carte de bucate este o sărbătoare opulentă a aromelor vii și diverse care caracterizează bucătăria tropicală - un caleidoscop de gusturi care dansează pe gură și evocă spiritul vesel al destinațiilor însorite. Cu 100 de rețete îngrijite cu meticulozitate, această colecție este pașaportul tău pentru a savura generozitatea fructelor exotice, mirodeniile aromate și tradițiile culinare bogate care definesc gastronomia tropicală.

Închideți ochii și imaginați-vă un peisaj împodobit cu plaje mărginite de palmieri, ape azurii și piețe vibrante pline de delicii tropicale. Acum, deschideți această carte de bucate și lăsați-o să fie ghidul dvs. pentru a vă transforma bucătăria într-un paradis tropical. „O adevărată sărbătoare a bucătăriei tropicale" este mai mult decât o călătorie culinară; este o explorare a tapiserii vibrante țesute de tradițiile culinare din Caraibe, Insulele Pacificului și Asia de Sud-Est.

De la prima înghițitură a unui cocktail răcoritor pe bază de nucă de cocos până la ultima înghițitură a unui desert delicios cu fructe tropicale, fiecare rețetă este o dovadă a bucuriei, festivității și bogăției care definesc bucătăria tropicală. Fie că găzduiești o adunare plină de viață pe plajă, creezi o sărbătoare pentru cei dragi sau pur și simplu cauți să-ți infuzezi mesele zilnice cu spiritul insulelor, aceste rețete sunt create pentru a aduce sărbătoarea tropicală la masa ta.

Alăturați-vă nouă în timp ce ne adâncim în lumea luxuriantă a ingredientelor tropicale, a mirodeniilor vibrante și a artei sărbătoririi prin mâncăruri delicioase. Amplasat pe fundalul cerului azuriu și al țărmurilor nisipoase, „O adevărată sărbătoare a bucătăriei tropicale" vă invită să porniți într-o escapadă culinară care surprinde esența țărmurilor însorite și transformă mesele de zi cu zi în sărbători festive.

Așadar, așezați-vă masa cu culori care amintesc de mările turcoaz și flora tropicală, adunați-vă ingredientele și lăsați să înceapă sărbătoarea în timp ce ne aruncăm în minunile culinare tropicale care ne așteaptă în paginile acestei cărți de bucate. Pregătește-te să savurezi bucuria, aromele și celebrarea supremă a gătitului tropical!

MIJJUNURI TROPICALE

1.Omletă tropicală

INGREDIENTE:
- 3 ouă
- 2 linguri lapte de cocos
- ¼ cană de ananas tăiat cubulețe
- ¼ cană ardei gras tăiați cubulețe
- ¼ cană ceapă roșie tăiată cubulețe
- ¼ cană brânză măruntită (cheddar sau mozzarella)
- 1 lingură coriandru proaspăt tocat
- Sare si piper dupa gust
- Unt sau ulei pentru gătit

INSTRUCȚIUNI:
a) Într-un castron, amestecați ouăle, laptele de cocos, sarea și piperul.
b) Încinge o tigaie antiaderentă la foc mediu și adaugă puțin unt sau ulei pentru a acoperi suprafața.
c) Turnați amestecul de ouă în tigaie și lăsați-l să fiarbă un minut până când marginile încep să se întărească.
d) Presărați ananasul tăiat cubulețe, ardeiul gras, ceapa roșie, brânză mărunțită și coriandru tocat peste jumătate din omletă.
e) Folosind o spatulă, îndoiți cealaltă jumătate de omletă peste umplutură.
f) Gatiti inca un minut sau pana cand branza se topeste si omleta este gatita.
g) Glisați omleta pe o farfurie și serviți fierbinte.
h) Bucurați-vă de aromele tropicale ale delicioasei omlete!

2. Budincă de Chia cu Ananas

INGREDIENTE:
- 1 conserve (13,5 uncii) de lapte de cocos
- 1 cană 2% iaurt grecesc simplu
- ½ cană semințe de chia
- 2 linguri miere
- 2 linguri de zahar
- 1 lingurita extract de vanilie
- Un praf de sare cușer
- 1 cană de mango tăiat cubulețe
- 1 cană de ananas tăiat cubulețe
- 2 linguri nucă de cocos mărunțită

INSTRUCȚIUNI:
a) Într-un castron mare, amestecați laptele de cocos, iaurtul, semințele de chia, mierea, zahărul, vanilia și sarea până se combină bine.
b) Împărțiți amestecul uniform în patru borcane de zidărie (16 uncii).
c) Acoperiți și lăsați la frigider peste noapte sau până la 5 zile.
d) Se serveste rece, acoperite cu mango si ananas si presarata cu nuca de cocos.

3.Toast franțuzesc tropical

INGREDIENTE:
- 4 felii de pâine
- 2 oua
- ½ cană lapte de cocos
- 1 lingurita extract de vanilie
- 1 lingura miere sau sirop de artar
- Vârf de cuțit de sare
- Banane și mango tăiate felii pentru topping
- Sirop de arțar sau miere pentru stropire

INSTRUCȚIUNI:
a) Într-un castron puțin adânc, amestecați ouăle, laptele de cocos, extractul de vanilie, mierea sau siropul de arțar și sarea.
b) Înmuiați fiecare felie de pâine în amestecul de ouă, lăsând-o să se înmoaie câteva secunde pe fiecare parte.
c) Încinge o tigaie antiaderentă sau grătar la foc mediu și se unge ușor cu unt sau ulei.
d) Gatiti feliile de paine inmuiate in tigaie pana se rumenesc pe ambele parti.
e) Transferați pâinea prăjită în farfurii de servire.
f) Acoperiți cu banane și mango feliate.
g) Stropiți cu sirop de arțar sau miere.
h) Bucurați-vă de răsucirea tropicală a prăjiturii clasice franceze!

4.Vafe aurii cu fructe tropicale

INGREDIENTE:
UT de curmale
- 1 baton de unt nesarat, temperatura camerei
- 1 cana curmale tocate grosier

VAFELE
- 1 ½ cană de făină universală
- 1 cană făină de gris măcinată grosier
- ¼ cană zahăr granulat
- 2 ½ lingurițe de praf de copt
- ½ lingurita de bicarbonat de sodiu
- ¾ lingurita sare grunjoasa
- 1 ¾ cană de lapte integral, la temperatura camerei
- ⅓ cană smântână, temperatura camerei
- 1 baton de unt nesarat, topit
- 2 ouă mari, la temperatura camerei
- 1 lingurita extract pur de vanilie
- Spray de gătit cu ulei vegetal
- Kiwi și citrice feliate, fistic tocat și sirop de arțar pur, pentru servire

INSTRUCȚIUNI:
UT DE DATE:
a) Pulsați untul și curmalele într-un robot de bucătărie, răzuind părțile laterale de câteva ori, până se omogenizează și se combină. Untul de curmale poate fi preparat cu o săptămână înainte și păstrat la frigider; aduceți la temperatura camerei înainte de utilizare.

VAFE:
b) Se amestecă făina, zahărul, praful de copt, bicarbonatul de sodiu și sarea într-un castron mare. Într-un castron separat, amestecați laptele, smântâna, untul, ouăle și vanilia.

c) Bateți amestecul de lapte în amestecul de făină doar pentru a se combina.

d) Preîncălziți fierul de vafe. Acoperiți cu un strat subțire de spray de gătit. Turnați 1 ¼ cană de aluat pentru fiecare vafă în centrul fierului de călcat, permițându-i să se întindă aproape până la margini.

e) Închideți capacul și gătiți până devine maro auriu și crocant, 6 până la 7 minute.

f) Scoateți de pe fierul de călcat și aruncați rapid între mâini de mai multe ori pentru a elibera aburul și pentru a ajuta la păstrarea crocantului, apoi transferați pe un grătar de sârmă așezat într-o tavă de copt cu ramă; se tine la cald in cuptorul la 225 de grade pana este gata de servire.

g) Repetați acoperirea fierului de călcat cu mai mult spray de gătit între loturi.

Serviți cu unt de curmale, fructe, fistic și sirop.

5.Fructe tropicale Crêpe s

INGREDIENTE:
- 4 uncii de făină simplă, cernută
- 1 praf de sare
- 1 lingurita zahar tos
- 1 ou, plus un galbenus
- ½ litru de lapte
- 2 linguri de unt topit
- 4 uncii de zahăr
- 2 linguri Rachiu sau rom
- 2½ căni de amestec de fructe tropicale

INSTRUCȚIUNI:
a) Pentru a face aluatul de crêpe, puneți făina, sarea și zahărul tos într-un bol și amestecați.
b) Bateți treptat ouăle, laptele și untul. Se lasa sa stea cel putin 2 ore.
c) Se încălzește o tigaie unsă ușor, se amestecă aluatul și se face 8 crêpe. Păstrați cald.
d) Pentru a face umplutura, puneți amestecul de fructe tropicale într-o cratiță cu zahărul și încălziți ușor până când zahărul se dizolvă.
e) Se aduce la fierbere și se încălzește până când zahărul se caramelizează. Adăugați coniacul.
f) Umpleți fiecare Crêpe cu fructe și serviți imediat cu smântână sau creme frage.

6.Budincă de nucă de cocos tropicală

INGREDIENTE:
- ¾ cană de ovăz de modă veche fără gluten
- ½ cană de nucă de cocos mărunțită neîndulcit
- 2 căni de apă
- 1¼ cană lapte de cocos
- ½ lingurita de scortisoara macinata
- 1 banană, feliată

INSTRUCȚIUNI:
a) Folosind un castron, combinați ovăzul, nuca de cocos și apa. Acoperiți și răciți peste noapte.
b) Transferați amestecul într-o cratiță mică.
c) Adăugați laptele și scorțișoara și fierbeți timp de aproximativ 12 minute la foc mediu.
d) Se ia de pe foc si se lasa sa stea 5 minute.
e) Împărțiți între 2 boluri și acoperiți cu felii de banană.

7.Clătite tropicale

INGREDIENTE:
- 1¾ cani de ovăz laminat de modă veche
- 1½ linguriță de praf de copt
- 1 lingurita bicarbonat de sodiu
- ½ lingurita de scortisoara
- ¼ lingurita sare
- 1 banană medie coaptă, piure
- 2 linguri ulei de cocos, topit
- 1 lingura sirop de artar
- 1 ou mare
- 1 lingurita extract de vanilie
- ¾ cană lapte 2% cu conținut scăzut de grăsimi
- ½ cană de lapte de cocos plin de grăsime conservat
- ½ cană de ananas tăiat mărunt
- ½ cană de mango tăiat mărunt

INSTRUCȚIUNI:

a) Adăugați toate ingredientele, mai puțin ananasul și mango, într-un blender.
b) Mixați amestecul în blender până când obțineți un lichid omogen.
c) Turnați aluatul de clătite într-un castron mare.
d) Se amestecă ananasul și mango.
e) Lăsați aluatul să se odihnească timp de 5 până la 10 minute. Acest lucru permite ca toate ingredientele să se reunească și conferă aluatului o consistență mai bună.
f) Pulverizați o tigaie antiaderentă sau grătar cu ulei vegetal și încălziți la foc mediu-mic.
g) Odată ce tigaia este fierbinte, adăugați aluatul folosind o cană de măsurare de ¼ de cană și turnați aluatul în tigaie pentru a face clătită. Utilizați cana de măsurare pentru a ajuta la modelarea clătitei.
h) Gătiți până când părțile laterale par întărite și se formează bule în mijloc (aproximativ 2 până la 3 minute), apoi întoarceți clătitele.
i) Odată ce clătita este gătită pe acea parte, scoateți clătita de pe foc și puneți-o pe o farfurie.

8. Bol cu iaurt tropical

INGREDIENTE:
- Bucăți de ananas, feliate
- Kiwi, feliat
- Felii de mango
- ½ cană iaurt grecesc
- Chips de cocos
- Alune tocate

INSTRUCȚIUNI:
a) Într-un castron, puneți iaurtul grecesc și acoperiți cu fructe și alte toppinguri.

9. Smoothie Bowl cu fructe tropicale

INGREDIENTE:
- 1 banană coaptă
- 1 cană bucăți de mango congelate
- 1 cană bucăți de ananas congelate
- ½ cană lapte de cocos
- Topping: kiwi feliat, nucă de cocos mărunțită, granola, semințe de chia

INSTRUCȚIUNI:
a) Într-un blender, combinați banana, bucățile de mango, bucățile de ananas și laptele de cocos.
b) Se amestecă până când este omogen și cremos.
c) Turnați smoothie-ul într-un bol.
d) Acoperiți cu kiwi feliat, nucă de cocos mărunțită, granola și semințe de chia.
e) Bucurați-vă de bolul pentru smoothie cu fructe tropicale!

10.Clatite cu mango nuca de cocos

INGREDIENTE:
- 1 cană de făină universală
- 1 lingura zahar
- 1 lingurita praf de copt
- ½ lingurita de bicarbonat de sodiu
- ¼ lingurita sare
- 1 cană lapte de cocos
- ½ cană piure de mango
- 1 ou
- 2 linguri de unt topit
- Mango feliat pentru topping

INSTRUCȚIUNI:
a) Într-un castron, amestecați făina, zahărul, praful de copt, bicarbonatul de sodiu și sarea.
b) Într-un alt castron, combinați laptele de cocos, piureul de mango, oul și untul topit.
c) Turnați ingredientele umede în ingredientele uscate și amestecați până se omogenizează.
d) Încinge o tigaie antiaderentă sau grătar la foc mediu și se unge ușor cu unt sau ulei.
e) Turnați ¼ de cană de aluat pe tavă pentru fiecare clătită.
f) Gatiti pana se formeaza bule la suprafata, apoi intoarceti si gatiti cealalta parte pana devine maro auriu.
g) Servește clătitele de mango și nucă de cocos cu mango feliat deasupra.
h) Bucurați-vă de aromele tropicale ale acestor clătite pufoase!

11.Bol Tropical Acai

INGREDIENTE:
- 2 pachete de acai congelate
- 1 banană coaptă
- ½ cană amestecuri de fructe de pădure congelate
- ½ cană apă de cocos sau lapte de migdale
- Toppinguri: banane feliate, kiwi, fructe de padure, granola, fulgi de cocos

INSTRUCȚIUNI:
a) Într-un blender, amestecați pachetele de acai congelate, bananele coapte, fructele de pădure congelate și apa de cocos sau laptele de migdale până când sunt omogene și dense.
b) Turnați amestecul de acai într-un bol.
c) Acoperiți cu banane feliate, kiwi, fructe de pădure, granola și fulgi de nucă de cocos.
d) Aranjați toppingurile după cum doriți deasupra amestecului de acai.
e) Serviți imediat și bucurați-vă de castronul de acai tropical răcoritor și hrănitor!

12. Bol de mic dejun cu nucă de cocos, mango, quinoa

INGREDIENTE:
- ½ cană quinoa fiartă
- ¼ cană lapte de cocos
- 1 mango copt, tăiat cubulețe
- 2 linguri nucă de cocos măruntită
- 1 lingura miere sau sirop de artar
- Toppinguri optionale: migdale feliate, seminte de chia

INSTRUCȚIUNI:
a) Într-un castron, combinați quinoa fiartă, laptele de cocos, mango tăiat cubulețe, nuca de cocos măruntită și mierea sau siropul de arțar.
b) Se amestecă bine pentru a amesteca toate ingredientele.
c) Dacă doriți, adăugați toppinguri suplimentare, cum ar fi migdale feliate și semințe de chia.
d) Bucurați-vă de aromele tropicale ale acestui castron de mic dejun nutritiv cu nucă de cocos, mango, quinoa!

13.Parfait de mic dejun Papaya Lime

INGREDIENTE:
- 1 papaya coaptă, tăiată cubulețe
- Suc de 1 lime
- 1 cană iaurt grecesc
- ¼ cană granola
- 2 linguri miere sau sirop de artar
- Frunze de mentă proaspătă pentru decor

INSTRUCȚIUNI:

a) Într-un castron, combinați papaya tăiată cubulețe și sucul de lămâie. Se amestecă ușor pentru a acoperi papaya cu suc de lămâie.

b) În pahare sau boluri de servire, puneți amestecul de papaya, iaurt grecesc și granola.

c) Stropiți deasupra miere sau sirop de arțar.

d) Se ornează cu frunze de mentă proaspătă.

e) Bucurați-vă de parfaitul răcoritor și acidulat de la micul dejun cu lămâie de papaya!

14. Mic dejun tropical Burrito

INGREDIENTE:
- 2 tortilla mari
- 4 ouă, omletă
- ½ cană de ananas tăiat cubulețe
- ½ cană ardei gras tăiați cubulețe
- ¼ cană ceapă roșie tăiată cubulețe
- ¼ cană brânză măruntită (cheddar sau mozzarella)
- Coriandru proaspăt pentru garnitură
- Sare si piper dupa gust
- Salsa sau sos iute pentru servire (optional)

INSTRUCȚIUNI:
a) Într-o tigaie, fierbeți ouăle omletă până când sunt gata. Se condimentează cu sare și piper.
b) Încălziți tortilla într-o tigaie separată sau cuptorul cu microunde.
c) Împărțiți ouăle omletă, ananasul tăiat cubulețe, ardeii gras tăiați cubulețe, ceapa roșie tăiată și brânza măruntită între tortilla.
d) Îndoiți părțile laterale ale tortillelor și rulați-le pentru a forma burritos.
e) Opțional: prăjiți ușor burrito-urile într-o tigaie pentru a le croi.
f) Se ornează cu coriandru proaspăt.
g) Serviți cu salsa sau sos iute, dacă doriți.
h) Bucurați-vă de răsucirea tropicală a unui burrito clasic de mic dejun!

15.Pâine cu banane cu nucă de cocos

INGREDIENTE:
- 2 banane coapte, piure
- ½ cană lapte de cocos
- ¼ cană ulei de cocos topit
- ¼ cană miere sau sirop de arțar
- 1 lingurita extract de vanilie
- 1 ¾ cană de făină universală
- 1 lingurita praf de copt
- ½ lingurita de bicarbonat de sodiu
- ¼ lingurita sare
- ¼ cană nucă de cocos mărunțită
- Opțional: ½ cană nuci tropicale tocate

INSTRUCȚIUNI:
a) Preîncălziți cuptorul la 350°F (175°C) și ungeți o tavă de pâine.
b) Într-un castron mare, combinați piureul de banane, laptele de cocos, uleiul de cocos topit, mierea sau siropul de arțar și extractul de vanilie. Amestecă bine.
c) Într-un castron separat, amestecați făina, praful de copt, bicarbonatul de sodiu și sarea.
d) Adăugați treptat ingredientele uscate la ingredientele umede, amestecând până se combină.
e) Încorporați nuca de cocos mărunțită și nucile mărunțite (dacă folosiți).
f) Turnați aluatul în tava de pâine pregătită și întindeți-l uniform.
g) Coacem 45-55 de minute sau pana cand o scobitoare introdusa in centru iese curata.
h) Scoateți din cuptor și lăsați pâinea cu banane cu cocos să se răcească în tavă câteva minute.
i) Transferați pâinea pe un grătar pentru a se răci complet.
j) Tăiați și serviți delicioasa pâine tropicală cu banane cu nucă de cocos.

16.Mic dejun tropical Tacos

INGREDIENTE:
- 4 tortilla mici de porumb
- 4 ouă, omletă
- ½ cană de ananas tăiat cubulețe
- ¼ cană ardei gras roșu tăiat cubulețe
- ¼ cană ceapă roșie tăiată cubulețe
- ¼ cană coriandru proaspăt tocat
- Suc de 1 lime
- Sare si piper dupa gust
- Toppinguri opționale: avocado feliat, salsa, sos iute

INSTRUCȚIUNI:
a) Într-un castron, combinați ananasul tăiat cubulețe, ardeiul gras roșu, ceapa roșie, coriandru, sucul de lămâie, sare și piper. Amesteca bine.
b) Încălziți tortillale de porumb într-o tigaie sau cuptorul cu microunde.
c) Umpleți fiecare tortilla cu ouă omletă și acoperiți cu salsa de ananas tropicală.
d) Adăugați toppinguri opționale, cum ar fi avocado feliat, salsa sau sos iute.
e) Servește delicioasele tacos de mic dejun tropical.

17. Pâine prăjită cu avocado tropical

INGREDIENTE:
- 2 felii de pâine integrală, prăjită
- 1 avocado copt, decojit și fără sâmburi
- Suc de ½ lime
- ¼ cană de ananas tăiat cubulețe
- ¼ cană mango tăiat cubulețe
- 1 lingură coriandru proaspăt tocat
- Sare si piper dupa gust
- Toppinguri opționale: ridichi feliate, microgreens sau brânză feta

INSTRUCȚIUNI:
a) Într-un castron, zdrobiți avocado copt cu o furculiță.
b) Adăugați sucul de lămâie, ananasul tăiat cubulețe, mango tăiat, coriandru tocat, sare și piper.
c) Se amestecă bine până când toate ingredientele sunt combinate.
d) Întindeți uniform amestecul de avocado pe feliile de pâine prăjită.
e) Acoperiți cu toppinguri opționale, dacă doriți, cum ar fi ridichi feliate, microgreens sau brânză feta mărunțită.
f) Servește pâinea prăjită cu avocado tropical ca o gustare delicioasă și satisfăcătoare sau o masă ușoară.
g) Bucurați-vă de avocado cremos asociat cu fructele tropicale dulci și acidulate!

GUSTĂRI TROPICALE

18.Mix de gustări tropicale

INGREDIENTE:
- 6 căni de floricele de porumb
- 1 cană de ananas uscat
- 1 cană nuci de macadamia prăjite
- 1 cană chipsuri de banane
- ½ cană fulgi de cocos prăjiți

INSTRUCȚIUNI
a) Într-un castron mare, amestecați toate ingredientele până se combină bine.
b) Serviți imediat sau păstrați într-un recipient ermetic.

19. Ceviche Cocktail tropical

INGREDIENTE:
- ¾ de kilograme Snapper
- 1 kilogram de scoici; sferturi
- 1 ceapa rosie mica; tăiate în jumătate, feliate subțiri
- ¼ cană Coriandru; tocat grosier
- 2 căni de mango; tăiate cubulețe
- 1½ cană de ananas; tăiate cubulețe
- Marinada
- 1 cană suc de lime; proaspat stors
- 1 lingura coaja de lime; răzuit
- 1 cană oțet de orez
- ¼ cană de zahăr
- 1½ linguriță fulgi de ardei roșu; la gust
- 1½ linguriță de sare
- 2 lingurițe de semințe de coriandru; zdrobit

INSTRUCȚIUNI:
a) Combinați ingredientele pentru marinată într-un bol mare din sticlă sau din oțel inoxidabil. Se amestecă împreună și se pune deoparte.
b) Clătiți peștele și scoicile în apă rece și uscați cu prosoape de hârtie. Adăugați scoicile la marinată și dați la frigider. Tăiați peștele în bucăți de ½" și adăugați-l în marinadă cu ceapa.
c) Amestecați ușor, acoperiți și lăsați-l la frigider pentru cel puțin 4 ore înainte de servire.
d) Amestecați ocazional pentru a vă asigura că marinada pătrunde uniform în fructele de mare. Ceviche-ul poate fi preparat până la acest punct cu până la 2 zile înainte. Cu aproximativ 30 de minute înainte de servire, amestecați coriandru și fructele și puneți vasul la frigider până când este gata de servire.
e) Serviți în boluri sau farfurii mici răcite sau, pentru un aspect mai festiv, pahare de shot sau pahare de cocktail.

20.Mușcături de proteine de lămâie tropicală

INGREDIENTE:
- 1¾ cani de caju
- ¼ cană făină de cocos
- ¼ cană nucă de cocos măruntită neîndulcit
- 3 linguri de seminţe de cânepă crude decojite
- 3 linguri sirop de artar
- 3 linguri suc proaspăt de lămâie

INSTRUCŢIUNI:
a) Puneţi caju-urile într-un robot de bucătărie și procesaţi până când sunt foarte fin.
b) Adăugaţi restul ingredientelor și procesaţi până se omogenizează bine.
c) Turnaţi amestecul într-un castron mare.
d) Luaţi o bucată de aluat și strângeţi-o într-o bilă.
e) Continuaţi să stoarceţi și să lucraţi de câteva ori până când se formează o minge și se solidifică.

21.Pizza cu nuci tropicale

INGREDIENTE:
- 1 crusta de pizza gata preparata
- 1 lingurita ulei de masline
- Recipient de 13,5 uncii de cremă de brânză cu aromă de fructe
- Borcan de 26 uncii de felii de mango, scurse și tocate
- ½ C. nuci tocate

INSTRUCȚIUNI:
a) Gătiți crusta de pizza în cuptor conform instrucțiunilor de pe ambalaj.
b) Ungeți crusta cu ulei uniform.
c) Întindeți crema de brânză peste crustă și acoperiți cu mango și nuci tocate.
d) Tăiați în felii dorite și serviți.

22.Bile energetice de ananas nucă de cocos

INGREDIENTE:
- 1 cană curmale, fără sâmburi
- 1 cană de ananas uscat
- ½ cană nucă de cocos mărunțită
- ¼ cană făină de migdale sau migdale măcinate
- ¼ cană semințe de chia
- 1 lingura ulei de cocos, topit
- 1 lingurita extract de vanilie

INSTRUCȚIUNI:
a) Într-un robot de bucătărie, amestecați curmalele și ananasul uscat până formează o pastă lipicioasă.
b) Adăugați nuca de cocos mărunțită, făina de migdale, semințele de chia, uleiul de cocos topit și extractul de vanilie în robotul de bucătărie.
c) Pulsați până când toate ingredientele sunt bine combinate și formează o consistență asemănătoare aluatului.
d) Rulați amestecul în bile mici.
e) Opțional: rulați bilele în nucă de cocos mărunțită suplimentar pentru acoperire.
f) Pune bilele energetice într-un recipient ermetic și dai la frigider pentru cel puțin 30 de minute înainte de servire.
g) Bucurați-vă de aceste bile energetice gustoase și energizante de ananas și nucă de cocos!

23. Broşe cu fructe tropicale

INGREDIENTE:
- Fructe tropicale asortate (ananas, mango, kiwi, banane, papaya etc.), tăiate în bucăți mici
- Frigarui de lemn

INSTRUCȚIUNI:
a) Așezați fructele tropicale asortate pe frigăruile de lemn după orice model doriți.
b) Repetați cu fructele și frigăruile rămase.
c) Serviți broșele cu fructe tropicale ca atare sau cu o parte de iaurt sau miere pentru înmuiere.
d) Bucurați-vă de aceste frigărui de fructe colorate și hrănitoare!

24. Popcorn Cocos Lime

INGREDIENTE:
- ½ cană boabe de floricele de porumb
- 2 linguri ulei de cocos
- Zest și suc de 1 lime
- 2 linguri nucă de cocos mărunțită
- Sarat la gust

INSTRUCȚIUNI:
a) Încinge uleiul de cocos într-o oală mare la foc mediu.
b) Adăugați boabele de floricele de porumb și acoperiți oala cu un capac.
c) Agitați oala din când în când pentru a preveni arderea.
d) Odată ce poppingul încetinește, scoateți oala de pe foc și lăsați-o să stea un minut pentru a vă asigura că toate sâmburii au izbucnit.
e) Într-un castron mic, combinați coaja de lămâie, sucul de lămâie, nuca de cocos mărunțită și sarea.
f) Stropiți amestecul de lime nucă de cocos peste floricelele de porumb proaspăt turnate și amestecați pentru a se acoperi uniform.
g) Bucurați-vă de floricelele de nucă de cocos tropicale și de lămâie ca o gustare ușoară și aromată!

25. Guacamole de Cocos Lime

INGREDIENTE:
- 2 avocado coapte
- Suc de 1 lime
- Zest de 1 lime
- 2 linguri coriandru proaspăt tocat
- 2 linguri ceapa rosie taiata cubulete
- 2 linguri nucă de cocos mărunțită
- Sare si piper dupa gust

INSTRUCȚIUNI:
a) Într-un castron, zdrobiți avocado coapte cu o furculiță până devine cremos.
b) Adăugați sucul de lămâie, coaja de lămâie, coriandru tocat, ceapa roșie tăiată cubulețe, nuca de cocos mărunțită, sare și piper.
c) Se amestecă bine pentru a combina toate ingredientele.
d) Gustați și ajustați condimentele după cum doriți.
e) Servește guacamole de lămâie cu nucă de cocos cu chipsuri de tortilla sau folosește-l ca topping delicios pentru tacos, sandvișuri sau salate.
f) Bucurați-vă de aromele cremoase și acidulate ale acestei variante tropicale de guacamole!

26.Creveți de cocos

INGREDIENTE:
- 1 kilogram de creveți, decojiți și devenați
- ½ cană făină universală
- ½ cană nucă de cocos măruntită
- 2 ouă, bătute
- Sare si piper dupa gust
- Ulei de gatit pentru prajit

INSTRUCȚIUNI:
a) Într-un castron puțin adânc, combinați făina universală, nuca de cocos măruntită, sarea și piperul.
b) Înmuiați fiecare creveți în ouăle bătute, lăsând excesul să se scurgă, apoi ungeți-l cu amestecul de nucă de cocos.
c) Încinge uleiul de gătit într-o tigaie adâncă sau o oală la foc mediu-înalt.
d) Prăjiți creveții acoperiți cu nucă de cocos în loturi până devin maronii și crocanți, aproximativ 2-3 minute pe fiecare parte.
e) Scoateți creveții din ulei și scurgeți-i pe prosoape de hârtie.
f) Servește creveții de nucă de cocos ca aperitiv sau gustare tropicală delicioasă cu un sos la alegere, cum ar fi sos dulce de chili sau salsa de mango.
g) Savurați creveții crocanți și aromați de nucă de cocos!

27. Batoane Tropicale Granola

INGREDIENTE:
- 1 ½ cană de ovăz rulat
- ½ cană nucă de cocos mărunțită
- ¼ cană de ananas uscat tocat
- ¼ cană mango uscat tocat
- ¼ cană papaya uscată tocată
- ¼ cana nuci tocate (de exemplu, migdale, caju, nuci de macadamia)
- ¼ cană miere sau sirop de arțar
- ¼ cană unt de nuci (de exemplu, unt de migdale, unt de arahide)
- 1 lingurita extract de vanilie
- Vârf de cuțit de sare

INSTRUCȚIUNI:
a) Preîncălziți cuptorul la 350°F (175°C) și tapetați o tavă de copt cu hârtie de copt.
b) Într-un castron mare, combinați ovăzul rulat, nuca de cocos mărunțită, ananasul uscat tocat, mango uscat tocat, papaya uscată tocată și nucile mărunțite.
c) Într-o cratiță mică, încălziți mierea sau siropul de arțar, untul de nuci, extractul de vanilie și sarea la foc mic până se topesc și se combină bine.
d) Turnați amestecul de miere sau sirop de arțar peste ingredientele uscate și amestecați până când totul este acoperit uniform.
e) Transferați amestecul în vasul de copt pregătit și apăsați-l ferm.
f) Coaceți 15-20 de minute sau până când marginile devin maro auriu.
g) Scoatem din cuptor si lasam sa se raceasca complet in vas.
h) Odată răcit, tăiați în batoane sau pătrate.
i) Păstrați batoanele tropicale granola într-un recipient ermetic pentru gustare din mers.
j) Bucurați-vă de aceste batoane granola de casă și hrănitoare, pline cu arome tropicale!

28.Roll-up-uri cu salsa tropicală de mango

INGREDIENTE:
- 4 tortilla mari de făină
- 1 cana crema de branza
- 1 cană salsa de mango
- ½ cană de salată verde mărunțită sau frunze de spanac

INSTRUCȚIUNI:
a) Așezați tortilla de făină pe o suprafață curată.
b) Întindeți uniform un strat de cremă de brânză peste fiecare tortilla.
c) Turnați salsa de mango pe stratul de brânză cremă, întinzând-o pentru a acoperi tortilla.
d) Presărați salată verde mărunțită sau frunze de spanac deasupra salsa.
e) Rulați fiecare tortilla strâns, începând de la un capăt.
f) Tăiați fiecare tortilla rulată în roți de dimensiuni mici.
g) Serviți rulourile de salsa tropicală de mango ca o gustare sau un aperitiv aromat și răcoritor.
h) Bucurați-vă de combinația de arome cremoase, acidulate și tropicale!

29.Frigarui de ananas la gratar

INGREDIENTE:
- 1 ananas, curățat, dezlipit și tăiat în bucăți
- 2 linguri miere sau sirop de artar
- 1 lingurita scortisoara macinata
- Frigarui de lemn, inmuiate in apa timp de 30 de minute

INSTRUCȚIUNI:
a) Preîncălziți un grătar sau o tigaie pentru grătar la foc mediu.
b) Într-un castron mic, amestecați mierea sau siropul de arțar și scorțișoara măcinată.
c) Așezați bucățile de ananas pe frigăruile de lemn.
d) Ungeți ananasul cu amestecul de miere sau sirop de arțar, acoperind toate părțile.
e) Puneți frigăruile de ananas pe grătarul preîncălzit și gătiți aproximativ 2-3 minute pe fiecare parte, sau până când apar urme de grătar și ananasul se caramelizează ușor.
f) Scoateți de pe grătar și lăsați-le să se răcească câteva minute.
g) Servește frigăruile de ananas la grătar ca o gustare dulce și tropicală sau desert.
h) Bucurați-vă de aromele afumate și caramelizate ale ananasului la grătar!

30.Mușcături de banane de cocos

INGREDIENTE:
- 2 banane, decojite și tăiate în bucăți mici
- ¼ cană ciocolată neagră topită
- ¼ cană nucă de cocos mărunțită

INSTRUCȚIUNI:
a) Tapetați o foaie de copt cu hârtie de copt.
b) Înmuiați fiecare bucată de banană în ciocolata neagră topită, acoperind aproximativ jumătate.
c) Rulați banana acoperită cu ciocolată în nucă de cocos mărunțită până când este acoperită uniform.
d) Puneți mușcăturile de banane acoperite pe foaia de copt pregătită.
e) Repetați cu bucățile de banană rămase.
f) Se da la frigider pentru cel putin 30 de minute sau pana se intareste ciocolata.
g) Servește mușcăturile de banane cu nucă de cocos ca o gustare tropicală sau desert delicioasă.
h) Bucurati-vă de combinația de banane cremoase, ciocolată bogată și nucă de cocos!

31.Dip cu iaurt tropical

INGREDIENTE:
- 1 cană iaurt grecesc
- ½ cană de ananas tăiat cubulețe
- ½ cană de mango tăiat cubulețe
- ¼ cană ardei gras roșu tocat
- ¼ cana ceapa rosie tocata
- ¼ cană coriandru proaspăt tocat
- 1 lingura suc de lamaie
- ½ linguriță de usturoi pudră
- Sare si piper dupa gust

INSTRUCȚIUNI:
a) Într-un castron, combinați iaurtul grecesc, ananasul tăiat cubulețe, mango tăiat cubulețe, ardeiul gras roșu tocat, ceapa roșie tocată, coriandru tocat, sucul de lămâie, pudra de usturoi, sare și piper.
b) Se amestecă bine până când toate ingredientele sunt bine combinate.
c) Gustați și ajustați condimentele dacă este necesar.
d) Serviți dip-ul tropical cu chipsuri de tortilla, pâine pita sau bețișoare de legume.
e) Bucurați-vă de această baie cremoasă și aromată, cu o notă tropicală!

32. Salată de fructe tropicale

INGREDIENTE:
- 2 căni de ananas tăiat cubulețe
- 1 cană de mango tăiat cubulețe
- 1 cană papaya tăiată cubulețe
- 1 cană de kiwi feliat
- 1 cană căpșuni feliate
- 1 lingura suc proaspat de lamaie
- 1 lingura miere sau sirop de artar
- Toppinguri opționale: nucă de cocos mărunțită sau mentă proaspătă tocată

INSTRUCȚIUNI:
a) Într-un castron mare, combinați ananasul tăiat cubulețe, mango tăiat cubulețe, papaya tăiat cubulețe, kiwi feliat și căpșunile tăiate felii.
b) Într-un castron mic, amestecați sucul de lămâie și mierea sau siropul de arțar.
c) Stropiți sosul de lămâie peste salata de fructe și amestecați ușor pentru a se acoperi.
d) Opțional: Presărați deasupra nucă de cocos mărunțită sau mentă proaspătă tocată pentru un plus de aromă și decor.
e) Serviți salata de fructe tropicale rece ca o gustare răcoritoare și sănătoasă.
f) Bucurați-vă de aromele vibrante și suculente ale acestui amestec tropical!
g) Aceste 20 de rețete de gustări tropicale ar trebui să vă ofere o varietate de opțiuni delicioase și aromate de care să vă bucurați. Indiferent dacă sunteți în căutarea ceva dulce, sărat, cremos sau crocant, aceste rețete vă vor satisface cu siguranță poftele tropicale. Bucurați-vă!

TUIE TROPICALĂ

33.Salată cremoasă de fructe tropicale

INGREDIENTE:
- Cutie de 15,25 uncii de salată de fructe tropicale, scursă
- 1 banană, feliată
- 1 cană de topping congelat, dezghețat

INSTRUCȚIUNI:
a) Într-un castron mediu, combinați toate ingredientele.
b) Se amestecă ușor pentru a acoperi.

34.Pui tropical cu ananas

INGREDIENTE:
- 1 ardei gras
- 1 ceapa rosie mica
- 1 lb (450 g) file de piept de pui dezosat și fără piele
- 2 căni de mazăre cu zahăr
- 1 conserve (14 oz/398 ml) bucăți de ananas în suc
- 2 linguri ulei de cocos topit
- 1 pachet de condimente de pui cu ananas tropical
- suc proaspăt de lămâie

INSTRUCȚIUNI :

a) Preîncălziți cuptorul la 425° F. Aliniați o tavă cu folie.

b) Se feliază ardeiul și ceapa. Într-un castron mare, combinați ardeiul, ceapa, puiul, mazărea, bucățile de ananas (inclusiv sucul), uleiul de cocos și condimentele. Se amestecă până se îmbracă bine.

c) Aranjați într-un singur strat pe tavă cât mai bine puteți. Prăjiți, timp de 16 minute, sau până când puiul este gătit.

d) Terminați cu un strop de lime proaspătă, dacă doriți.

35.Gustați creveții din tropici

INGREDIENTE:
- 1 lime, feliată în jumătate
- 1 pachet de condimente de pui cu ananas tropical
- 1 lingura ulei de cocos topit
- 1 lingura miere
- 2 ardei gras, tăiați în bucăți
- 1 dovlecel mic, feliat în rondele de ½ inch
- 2 căni bucăți de mango congelate
- 1 kg de creveți cruzi, decojiți, decongelați

INSTRUCȚIUNI :
a) Preîncălziți cuptorul la 425° F. Aliniați o tavă cu folie.
b) Folosind o presă de citrice 2 în 1, stoarceți sucul din lămâie într-un castron mare.
c) Adăugați condimente, ulei și miere. Se amestecă pentru a combina.
d) Puneți ardeii, dovleceii și mango într-o tigaie.
e) Se toarnă jumătate din sos deasupra.
f) Folosind clești, aruncați pentru a acoperi.
g) Se da la cuptor si se coace 10 min.
h) Între timp, adăugați creveții în bol cu sosul rămas; arunca pentru a acoperi.
i) Scoateți tava din cuptor; adăugați creveții într-un singur strat cât de bine puteți.
j) Prăjiți timp de 3-4 minute sau până când creveții sunt gătiți.

36. Carne de porc la grătar din Caraibe cu salsa tropicală

INGREDIENTE:
SALSA:
- 1 ananas mic, curățat de coajă, fără miez și tăiat cubulețe
- 1 portocală medie, curățată și tăiată cubulețe
- 2 linguri coriandru proaspăt, tocat
- Suc de o jumătate de lime proaspătă

PORC:
- ½ lingurita zahar brun
- 2 lingurite de usturoi tocat
- 2 lingurite de ghimbir tocat
- 2 lingurite chimen macinat
- 2 lingurite coriandru macinat
- ½ linguriță de turmeric
- 2 linguri ulei de canola
- 6 cotlete de porc

INSTRUCȚIUNI:
a) Faceți salsa combinând ananasul, portocala, coriandru și sucul de lămâie într-un castron. Pus deoparte. Poate fi preparat cu până la 2 zile înainte și păstrat la frigider.

b) Într-un castron mic, combinați amestecul de zahăr brun, usturoiul, ghimbirul, chimenul, coriandru și turmeric.

c) Ungeți ambele părți ale cotletelor de porc cu ulei de canola și aplicați frecare pe ambele părți.

d) Preîncălziți grătarul la mediu-mare. Puneți cotletele de porc pe grătar timp de aproximativ 5 minute pe fiecare parte sau până când sunt gătite la o temperatură internă de 160 °F.

e) Serviți fiecare cotlet însoțit de ⅓ cană salsa.

37.Coadă de homar cu fructe tropicale la grătar

INGREDIENTE:
- 4 frigarui din bambus sau metal
- ¾ ananas auriu, decojit, dezlipit și tăiat în felii de 1 inch
- 2 banane, decojite și tăiate transversal în opt bucăți de 1 inch
- 1 mango, decojit, fără sâmburi și tăiat în cuburi de 1 inch
- 4 cozi de homar de stâncă sau cozi mari de homar din Maine
- ¾ cană Glazură dulce de soia
- 1 cană unt, topit
- 4 felii de lime

INSTRUCȚIUNI:

a) Dacă gătiți la grătar cu frigărui de bambus, înmuiați-le în apă timp de cel puțin 30 de minute. Aprindeți un grătar pentru căldură moderată directă, aproximativ 350¼F.

b) Așezați alternativ bucățile de ananas, banane și mango pe frigărui, folosind aproximativ 2 bucăți din fiecare fruct per frigărui.

c) Fluture cozile homarului împărțind fiecare coadă pe lungime prin coaja de sus rotunjită și carne, lăsând intactă coaja de jos plată. Dacă coaja este foarte tare, folosiți foarfece de bucătărie pentru a tăia coaja rotunjită și un cuțit pentru a tăia carnea.

d) Deschideți ușor coada pentru a expune carnea.

e) Ungeți ușor glazura de soia peste frigăruile de fructe și carnea de homar. Ungeți grătarul și ungeți-l cu ulei. Puneți cozile homarului, cu carnea în jos, direct pe foc și grătar până când sunt bine marcate la grătar, 3 până la 4 minute. Apăsați cozile pe grătarul grătarului cu o spatulă sau clești pentru a ajuta la prăjirea cărnii. Întoarceți și grătar până când carnea devine fermă și albă, ungeți cu glazură de soia, încă 5 până la 7 minute.

f) Între timp, frigăruile de fructe la grătar alături de homar până când sunt bine marcate la grătar, aproximativ 3 până la 4 minute pe fiecare parte.

g) Serviți cu untul topit și felii de lime pentru stoarcere.

38. Salată tropicală de fasole neagră cu mango

INGREDIENTE:
- 3 cani de fasole neagra fiarta, scursa si clatita
- ½ cană ardei gras roșu tocat
- ¼ cană ceapă roșie tocată
- ¼ cană coriandru proaspăt tocat
- 1 jalapeño, fără semințe și tocat (opțional)
- 3 linguri ulei de sâmburi de struguri
- 2 linguri suc proaspăt de lămâie
- 2 lingurite nectar de agave
- ¼ lingurita sare
- ⅛ linguriță de cayenne măcinate

INSTRUCȚIUNI:
a) Într-un castron mare, combinați fasolea, mango, ardeiul gras, ceapa, coriandru și jalapeño, dacă folosiți, și lăsați deoparte.
b) Într-un castron mic, amestecați uleiul, sucul de lămâie, nectarul de agave, sarea și cayenne. Se toarnă dressingul pe salată și se amestecă bine.
c) Se da la frigider pentru 20 de minute si se serveste.

39.Bol cu orez tropical

INGREDIENTE:
CASTRON
- 1 cartof dulce, decojit și tăiat în bucăți mici
- 1 lingura ulei de masline extravirgin
- 2 căni de orez iasomie, fiert
- 1 ananas, decojit, fără miez și tăiat în bucăți mici
- ¼ cană caju
- 4 linguri de semințe de cânepă crude decojite

SOS DULCE-ACRUR
- 1 lingura amidon de porumb
- ½ cană de ananas tocat
- ¼ cană oțet de orez
- ⅓ cană zahăr brun deschis
- 3 linguri de ketchup
- 2 lingurite sos de soia

INSTRUCȚIUNI:
CARTOF DULCE
a) Preîncălziți cuptorul la 425ºF.
b) Se amestecă cartofii dulci cu uleiul. Se aseaza pe o tava de copt si se coace timp de 30 de minute.
c) Scoatem din cuptor si lasam sa se raceasca.

SOS DULCE-ACRUR
d) Amestecați amidonul de porumb și 1 lingură de apă într-un castron mic. Pus deoparte.
e) Adăugați ananasul și ¼ de cană de apă într-un blender. Amestecați până când amestecul este cât mai omogen.
f) Adaugă amestecul de ananas, oțet de orez, zahăr brun, ketchup și sosul de soia într-o cratiță medie.
g) Se aduce la fierbere la foc mediu-mare.
h) Amestecați amestecul de amidon de porumb și gătiți până se îngroașă, aproximativ un minut. Se ia de pe foc si se lasa deoparte in timp ce asamblezi bolurile.

ASAMBLARE
i) Pune orezul în fundul fiecărui bol. Adăugați rânduri de ananas, caju, semințe de cânepă și cartofi dulci.
j) Acoperiți cu sosul dulce-acru.

40.Kebab de porc tropical

INGREDIENTE:
- 8 frigarui din lemn sau metal
- 2 kg muschi de porc, tăiat în bucăți de 1 inch
- 2 ardei gras roșii mari, fără miez, curățați și tăiați în 8 bucăți
- 1 ardei gras verde, fără miez, curățat și tăiat în 8 bucăți
- ½ ananas proaspăt, tăiat în 4 bucăți apoi în felii
- ½ cană miere
- ½ cană suc de lămâie
- 2 lingurite coaja de lime rasa
- 3 catei de usturoi, tocati
- ¼ cană de muștar galben
- 1 lingurita sare
- ¼ lingurita piper negru

INSTRUCȚIUNI:

a) Dacă folosiți frigărui de lemn, înmuiați-le în apă timp de 15 până la 20 de minute.

b) Alternativ, frigărui fiecare frigărui cu bucăți de porc, 2 bucăți de ardei roșu, 1 bucată de ardei verde și 2 felii de ananas.

c) Într-o tavă de copt de 9" x 13", amestecați miere, sucul de lămâie, coajă de lămâie rasă, usturoi, muștar galben, sare și piper negru; amesteca bine. Puneți kebab-urile într-o tavă de copt și rotiți-le pentru a le acoperi cu marinată. Acoperiți și lăsați la frigider pentru cel puțin 4 ore sau peste noapte, rotind ocazional.

d) Încinge grătarul la foc moderat - mare. Ungeți kebaburile cu marinată; aruncați excesul de marinată.

e) Prăjiți kebab-urile timp de 7 până la 9 minute sau până când carnea de porc nu mai este roz, rotindu-se frecvent pentru a găti pe toate părțile.

41. Carne de porc din Jamaica

INGREDIENTE:
- 2 kg de muschi de porc, taiat cubulete sau fasii
- 3 linguri de condiment pentru jerk jamaican
- 2 linguri ulei vegetal
- 2 linguri suc de lamaie
- 2 linguri sos de soia
- 2 linguri zahar brun
- 2 catei de usturoi, tocati
- 1 lingurita de ghimbir ras
- Sare si piper dupa gust

INSTRUCȚIUNI:
a) Într-un castron, combinați condimentele de jerk jamaican, uleiul vegetal, sucul de lămâie, sosul de soia, zahărul brun, usturoiul tocat, ghimbirul ras, sare și piper.
b) Adăugați cuburi sau fâșii de muschi de porc în castron și amestecați pentru a se acoperi uniform în marinadă.
c) Acoperiți vasul și dați la frigider pentru cel puțin 1 oră, sau peste noapte pentru o aromă mai intensă.
d) Preîncălziți un grătar sau o tigaie pentru grătar la foc mediu-mare.
e) Scoateți carnea de porc din marinată, scuturând orice exces.
f) Carnea de porc la grătar aproximativ 4-6 minute pe fiecare parte sau până când este gătită și bine carbonizată.
g) Ungeți carnea de porc cu marinada rămasă în timpul grătarului.
h) Odată gătită, transferați carnea de porc într-un platou de servire și lăsați-o să se odihnească câteva minute.
i) Serviți carnea de porc din Jamaica ca fel principal tropical picant și aromat.
j) Bucurați-vă de aromele afumate și aromate ale condimentului jerk!

42.Tofu cu mango curry

INGREDIENTE:
- 1 bloc (14 oz) de tofu ferm, scurs și tăiat cubulețe
- 1 lingura ulei vegetal
- 1 ceapă, feliată
- 2 catei de usturoi, tocati
- 1 lingură pudră de curry
- 1 lingurita chimen macinat
- ½ linguriță de turmeric măcinat
- ½ lingurita coriandru macinat
- ¼ linguriță de piper cayenne (ajustați după gust)
- 1 cutie (14 oz) lapte de cocos
- 1 mango copt, decojit, fără sâmburi și tăiat cubulețe
- 1 lingura suc de lamaie
- Sarat la gust
- Coriandru proaspăt tocat pentru decor
- Orez fiert sau pâine naan pentru servire

INSTRUCȚIUNI:

a) Încinge ulei vegetal într-o tigaie mare sau wok la foc mediu.

b) Adaugati ceapa taiata felii si usturoiul tocat si caliti 2-3 minute pana se inmoaie si parfumeaza.

c) Adăugați pudră de curry, chimen măcinat, turmeric măcinat, coriandru măcinat și piper cayenne. Amestecați bine pentru a acoperi ceapa și usturoiul în condimente.

d) Adăugați tofu cubulețe în tigaie și gătiți timp de 3-4 minute până se rumenește ușor.

e) Se toarnă laptele de cocos și se aduce la fiert.

f) Adăugați mango tăiat cubulețe și suc de lămâie în tigaie și asezonați cu sare după gust.

g) Fierbeți timp de 5-6 minute până când tofu este încălzit și aromele s-au amestecat.

h) Se ornează cu coriandru proaspăt tocat.

i) Serviți tofu cu curry de mango peste orez fiert sau cu pâine naan pentru un fel principal tropical satisfăcător.

j) Bucurați-vă de curry cremos și aromat de mango, cu tofu fraged și condimente parfumate!

43. Salată cu fasole neagră din Caraibe și mango quinoa

INGREDIENTE:
- 1 cană quinoa fiartă, rece
- 1 conserve (15 oz) de fasole neagră, clătită și scursă
- 1 mango copt, decojit, fără sâmburi și tăiat cubulețe
- 1 ardei gras rosu, taiat cubulete
- ¼ cana ceapa rosie tocata
- ¼ cană coriandru proaspăt tocat
- Suc de 1 lime
- 2 linguri ulei de masline
- 1 lingurita chimen macinat
- Sare si piper dupa gust

INSTRUCȚIUNI:
a) Într-un castron mare, combinați quinoa fiartă, fasolea neagră, mango tăiat cubulețe, ardeiul gras roșu tăiat cubulețe, ceapa roșie tocată și coriandru proaspăt tocat.
b) Într-un castron mic, amestecați sucul de lămâie, uleiul de măsline, chimenul măcinat, sare și piper.
c) Se toarnă dressingul peste amestecul de quinoa și se amestecă pentru a se combina bine.
d) Ajustați condimentele dacă este necesar.
e) Acoperiți vasul și lăsați-l la frigider pentru cel puțin 30 de minute pentru a permite aromelor să se îmbine.
f) Înainte de servire, amestecați ușor salata pentru a vă asigura că toate ingredientele sunt bine combinate.
g) Serviți salata de quinoa cu fasole neagră din Caraibe și mango ca fel principal tropical răcoritor și hrănitor.
h) Bucurați-vă de combinația de fasole neagră bogată în proteine, mango suculent și coriandru parfumat la fiecare mușcătură!

44.Pui Teriyaki din Hawaii

INGREDIENTE:
- 4 pulpe de pui dezosate, fără piele
- ¼ cană sos de soia
- ¼ cană suc de ananas
- 2 linguri miere
- 2 linguri otet de orez
- 1 lingura ulei de susan
- 2 catei de usturoi, tocati
- 1 lingurita de ghimbir ras
- Felii de ananas pentru decor
- Ceapa verde tocata pentru decor

INSTRUCȚIUNI:
a) Într-un castron, amestecați sosul de soia, sucul de ananas, mierea, oțetul de orez, uleiul de susan, usturoiul tocat și ghimbirul ras.
b) Așezați pulpele de pui într-un vas puțin adânc și turnați marinata peste ele. Asigurați-vă că puiul este acoperit uniform.
c) Acoperiți vasul și lăsați-l la frigider pentru cel puțin 1 oră, sau peste noapte pentru o aromă mai intensă.
d) Preîncălziți un grătar sau o tigaie pentru grătar la foc mediu-mare.
e) Scoateți pulpele de pui din marinadă, scuturând orice exces.
f) Puiul la grătar aproximativ 5-6 minute pe fiecare parte sau până când este fiert și bine carbonizat.
g) Ungeți puiul cu marinada rămasă în timpul grătarului.
h) Odată fiert, transferați puiul pe o farfurie de servire și lăsați-l să se odihnească câteva minute.
i) Se orneaza cu felii de ananas si ceapa verde tocata.
j) Serviți puiul teriyaki hawaian ca fel principal de inspirație tropicală.
k) Savurați puiul fraged și aromat cu glazura dulce și acidulată teriyaki!

45.Curry de creveți și nucă de cocos

INGREDIENTE:
- 1 kilogram de creveți, decojiți și devenați
- 1 cutie (13,5 oz) lapte de cocos
- Sucul și coaja a 2 lime
- 2 linguri pasta de curry verde thailandez
- 1 lingura sos de peste
- 1 lingura zahar brun
- 1 ardei gras rosu, feliat
- 1 dovlecel, feliat
- 1 cană de mazăre snap
- 1 lingura ulei vegetal
- Coriandru proaspăt pentru garnitură
- Orez fiert pentru servire

INSTRUCȚIUNI:

a) Încinge ulei vegetal într-o tigaie mare sau wok la foc mediu.

b) Adăugați pasta de curry verde thailandez în tigaie și gătiți timp de 1 minut până când este parfumat.

c) Se toarnă laptele de cocos și se amestecă bine pentru a se combina cu pasta de curry.

d) Adăugați sos de pește, zahăr brun, suc de lămâie și coaja de lămâie. Se amestecă până se dizolvă.

e) Adauga ardeiul gras rosu feliat, dovlecelul si mazarea in tigaie. Amestecați pentru a acoperi legumele în sosul de curry.

f) Se fierbe timp de 5-6 minute până când legumele sunt fragede.

g) Adăugați creveții în tigaie și gătiți încă 3-4 minute până când creveții devin roz și gătiți.

h) Se ia de pe foc si se orneaza cu coriandru proaspat.

i) Servește curry de creveți cu nucă de cocos și lămâie peste orez fiert pentru o masă tropicală aromată și aromată.

j) Bucurați-vă de sosul cremos de curry de nucă de cocos cu creveți suculenți și legume crocante!

46.Capră cu curry din Jamaica

INGREDIENTE:
- 2 kilograme de carne de capră, tăiată cubulețe
- 2 linguri praf de curry jamaican
- 1 ceapa, tocata
- 3 catei de usturoi, tocati
- 1 ardei scotch bonnet, semințele îndepărtate și tocate
- 1 lingura ulei vegetal
- 2 cani de lapte de cocos
- 2 căni de apă
- 2 crengute de cimbru proaspat
- Sare si piper dupa gust
- Orez fiert sau roti pentru servire

INSTRUCȚIUNI:

a) Într-un castron, asezonați carnea de capră cu pudră de curry jamaican, sare și piper. Se amestecă pentru a acoperi carnea uniform.

b) Încinge ulei vegetal într-o oală mare sau cuptor olandez la foc mediu.

c) Adăugați carnea de capră condimentată în oală și rumeniți-o pe toate părțile. Scoateți carnea din oală și lăsați-o deoparte.

d) În aceeași oală, adăugați ceapa tocată, usturoiul tocat și ardeiul scotch bonet tocat (dacă este folosit). Se caleste 2-3 minute pana ce ceapa devine translucida si parfumata.

e) Se pune carnea de capră rumenită în oală și se amestecă pentru a se combina cu ceapa și usturoiul.

f) Se toarnă laptele de cocos și apă. Se amestecă bine pentru a încorpora lichidele.

g) Adăugați crenguțe de cimbru proaspăt în oală și aduceți amestecul la fierbere.

h) Reduceți focul la mic, acoperiți oala și lăsați să fiarbă aproximativ 2-3 ore, sau până când carnea de capră este fragedă și aromată. Se amestecă din când în când pentru a preveni lipirea.

i) Ajustați condimentul cu sare și piper după gust.

j) Serviți capra curry jamaican peste orez fiert sau cu roti pentru un fel principal tropical autentic și consistent.

k) Bucurați-vă de aromele bogate și aromate ale cărnii de capră infuzate cu curry!

47.Tacos cu pește în stil caraibian

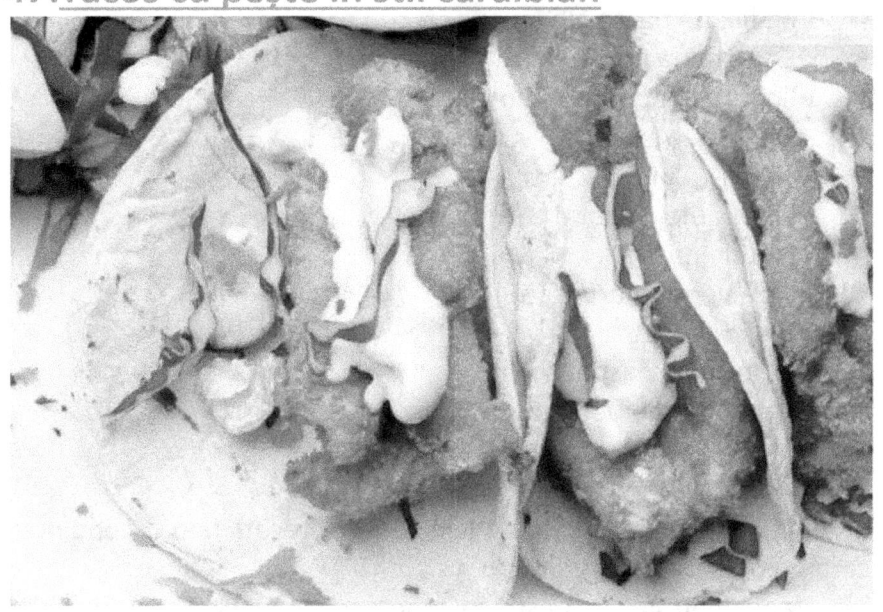

INGREDIENTE:
- 1 kg file de pește alb (cum ar fi cod sau tilapia)
- ¼ cană făină universală
- 1 lingură condiment pentru caraibe
- ½ lingurita sare
- ¼ lingurita piper negru
- 2 linguri ulei vegetal
- 8 tortilla mici
- Salată verde măruntită
- Avocado feliat
- Coriandru proaspăt tocat
- Bucuri de lime pentru servire

INSTRUCȚIUNI:
a) Într-un vas de mică adâncime, amestecați făina, condimentele caraibelor, sare și piper negru.
b) Trage fileurile de pește în amestecul de făină, scuturând orice exces.
c) Încinge uleiul vegetal într-o tigaie mare la foc mediu.
d) Adăugați fileurile de pește acoperite în tigaie și gătiți aproximativ 3-4 minute pe fiecare parte sau până când peștele este gătit și devine maro auriu.
e) Scoateți peștele din tigaie și lăsați-l să se odihnească câteva minute.
f) Încălziți tortilla într-o tigaie uscată sau la cuptorul cu microunde.
g) Fulgi peștele fiert și împărțiți-l între tortilla.
h) Acoperiți peștele cu salată verde măruntită, avocado feliat și coriandru proaspăt tocat.
i) Stoarceți suc proaspăt de lămâie peste toppinguri.
j) Serviți tacos de pește în stil caraibian ca fel principal tropical și aromat.
k) Bucurați-vă de peștele crocant și condimentat cu toppinguri proaspete și vibrante!

48.Somon glazurat cu mango

INGREDIENTE:
- 4 fileuri de somon
- 1 mango copt, decojit, fără sâmburi și făcut piure
- 2 linguri sos de soia
- 2 linguri miere
- 2 linguri suc de lamaie
- 2 catei de usturoi, tocati
- 1 lingurita de ghimbir ras
- Sare si piper dupa gust
- Coriandru proaspăt tocat pentru decor

INSTRUCȚIUNI:
a) Preîncălziți cuptorul la 375 ° F (190 ° C).
b) Într-un castron, amestecați piureul de mango, sosul de soia, mierea, sucul de lămâie, usturoiul tocat, ghimbirul ras, sare și piper.
c) Puneți fileurile de somon într-o tavă de copt și turnați peste ele glazura de mango. Asigurați-vă că somonul este acoperit uniform.
d) Coaceți în cuptorul preîncălzit pentru aproximativ 12-15 minute, sau până când somonul este gătit și se fulge ușor cu o furculiță.
e) Ungeți somonul cu glazură o dată sau de două ori în timp ce coaceți.
f) Odată fiert, scoateți somonul din cuptor și lăsați-l să se odihnească câteva minute.
g) Se ornează cu coriandru proaspăt tocat.
h) Serviți somonul glazurat cu mango ca fel principal tropical și aromat.
i) Bucurați-vă de somonul suculent și dulce cu glazura de mango acidulată și fructată!

49. Curry de legume din Caraibe

INGREDIENTE:
- 1 lingura ulei vegetal
- 1 ceapa, tocata
- 2 catei de usturoi, tocati
- 1 ardei gras rosu, taiat cubulete
- 1 ardei gras galben, taiat cubulete
- 1 dovlecel, taiat cubulete
- 1 cartof dulce, decojit și tăiat cubulețe
- 1 cană buchetele de conopidă
- 1 cutie (14 oz) lapte de cocos
- 2 linguri pudră de curry caraibian
- 1 lingurita chimen macinat
- 1 lingurita coriandru macinat
- ¼ linguriță de piper cayenne (ajustați după gust)
- Sare si piper dupa gust
- Coriandru proaspăt tocat pentru decor
- Orez fiert sau roti pentru servire

INSTRUCȚIUNI:
a) Încinge ulei vegetal într-o tigaie mare sau o oală la foc mediu.
b) Se adaugă ceapa tocată și usturoiul tocat și se călesc timp de 2-3 minute până se înmoaie și se parfumează.
c) Adăugați în tigaie ardei gras roșu și galben tăiat cubulețe, dovlecel tăiat cubulețe, cartofi dulci tăiați cubulețe și buchețe de conopidă. Se amestecă pentru a acoperi legumele în ulei.
d) Gatiti 5-6 minute pana cand legumele incep sa se inmoaie.
e) Într-un castron mic, amestecați praful de curry din Caraibe, chimenul măcinat, coriandru măcinat, piper cayenne, sare și piper.
f) Presărați amestecul de condimente peste legumele din tigaie și amestecați bine pentru a se acoperi.
g) Se toarnă laptele de cocos și se amestecă pentru a se combina cu condimentele și legumele.
h) Aduceți amestecul la fiert și acoperiți tigaia. Se lasa sa fiarba aproximativ 15-20 de minute, sau pana cand legumele sunt fragede si aromele s-au topit.
i) Ajustați condimentele dacă este necesar.
j) Se ornează cu coriandru proaspăt tocat.
k) Serviți curry de legume din Caraibe peste orez fiert sau cu roti pentru un fel principal tropical consistent și aromat.
l) Bucurați-vă de aromele vibrante și aromate ale legumelor infuzate cu curry!

50.Pui Jerk cu Salsa de Mango

INGREDIENTE:
- 4 piept de pui dezosați și fără piele
- 2 linguri de condiment pentru jerk jamaican
- 2 linguri ulei vegetal
- Sare si piper dupa gust

SALSA DE MANGO:
- 1 mango copt, decojit, fără sâmburi și tăiat cubulețe
- ½ ceapa rosie, tocata marunt
- ½ ardei gras rosu, tocat marunt
- ½ ardei jalapeno, semințele și coastele îndepărtate, tocate mărunt
- Suc de 1 lime
- 2 linguri coriandru proaspăt tocat
- Sarat la gust

INSTRUCȚIUNI:
a) Preîncălziți grătarul sau tigaia la foc mediu-mare.
b) Frecați pieptul de pui cu condimente de jerk jamaican, ulei vegetal, sare și piper.
c) Puiul la grătar timp de aproximativ 6-8 minute pe fiecare parte sau până când este fiert și bine carbonizat. Temperatura internă ar trebui să atingă 165°F (74°C).
d) Scoateți puiul de pe grătar și lăsați-l să se odihnească câteva minute.
e) Între timp, pregătiți salsa de mango combinând mango tăiat cubulețe, ceapa roșie tocată mărunt, ardeiul gras roșu tocat mărunt, ardeiul jalapeno tocat mărunt, sucul de lămâie, coriandru proaspăt tocat și sare într-un bol. Se amestecă bine pentru a se combina.
f) Tăiați puiul jerk la grătar și serviți-l cu o lingură generoasă de salsa de mango deasupra.
g) Serviți puiul jerk cu salsa de mango ca fel principal tropical și picant.
h) Bucurați-vă de condimentele îndrăznețe și aromate jerk asociate cu salsa de mango răcoritoare și fructată!

51. Coaste de porc Hawaiian BBQ

INGREDIENTE:
- 2 rafturi de coaste de porc
- 1 cană suc de ananas
- ½ cană de ketchup
- ¼ cană sos de soia
- ¼ cană zahăr brun
- 2 linguri otet de orez
- 2 catei de usturoi, tocati
- 1 lingurita de ghimbir ras
- Sare si piper dupa gust

INSTRUCȚIUNI:
a) Preîncălziți cuptorul la 325°F (163°C).
b) Într-un castron, amestecați sucul de ananas, ketchup-ul, sosul de soia, zahărul brun, oțetul de orez, usturoiul tocat, ghimbirul ras, sare și piper.
c) Puneți rafturile de coaste de porc într-o tavă mare de copt sau într-o tavă de prăjire.
d) Turnați marinada peste coaste, asigurându-vă că sunt acoperite pe toate părțile. Rezervați puțină marinată pentru ungere.
e) Acoperiți vasul cu folie de aluminiu și puneți-l în cuptorul preîncălzit.
f) Coaceți coastele aproximativ 2 ore, sau până când sunt fragede și carnea începe să se desprindă de oase.
g) Scoateți folia și ungeți coastele cu marinada rezervată.
h) Creșteți temperatura cuptorului la 400 ° F (200 ° C) și întoarceți coastele la cuptor, neacoperite.
i) Coaceți încă 15-20 de minute, sau până când coastele sunt frumos caramelizate și sosul s-a îngroșat.
j) Scoateți din cuptor și lăsați coastele să se odihnească câteva minute înainte de servire.
k) Servește coastele de porc la grătar din Hawaii ca fel principal tropical și suculent.
l) Bucurati-vă de coastele fragede și aromate cu glazura de grătar dulce și acidulată!

52.Friptură la grătar din Caraibe cu salsa de ananas

INGREDIENTE:
- 2 kg friptură de flanc
- 2 linguri de condimente caraibe jerk
- 2 linguri ulei vegetal
- Sare si piper dupa gust

SALSA DE ANANAS:
- 1 cană de ananas tăiat cubulețe
- ½ ceapa rosie, tocata marunt
- ½ ardei gras rosu, tocat marunt
- ½ ardei jalapeno, semințele și coastele îndepărtate, tocate mărunt
- Suc de 1 lime
- 2 linguri coriandru proaspăt tocat
- Sarat la gust

INSTRUCȚIUNI:
a) Preîncălziți grătarul sau tigaia la foc mediu-mare.
b) Frecați friptura de flanc cu condimente pentru caraibe, ulei vegetal, sare și piper.
c) Friptura la grătar timp de aproximativ 4-6 minute pe fiecare parte sau până când ajunge la nivelul dorit de coacere. Lasă-l să se odihnească câteva minute înainte de a tăia felii.
d) Între timp, pregătiți salsa de ananas combinând ananasul tăiat cubulețe, ceapa roșie tocată mărunt, ardeiul gras roșu tocat mărunt, ardeiul jalapeno tocat mărunt, sucul de lămâie, coriandru proaspăt tocat și sare într-un bol. Se amestecă bine pentru a se combina.
e) Tăiați friptura la grătar împotriva bobului și serviți-o cu o lingură generoasă de salsa de ananas deasupra.
f) Serviți friptura la grătar din Caraibe cu salsa de ananas ca fel principal tropical și aromat.

DESERTURI TROPICALE

53.Pavlova cu fructe tropicale

INGREDIENTE:
- 4 albusuri mari la temperatura camerei
- 1 praf sare
- 225 de grame de zahăr tos
- 2 lingurite faina de porumb
- 1 praf de crema de tartru
- 1 lingurita otet de vin alb
- 4 picături extract de vanilie
- 2 Fructul pasiunii
- fructe tropicale coapte, cum ar fi mango; kiwi, fructe stele și agrișe
- 150 mililitri Cremă dublă
- 200 mililitri de cremă frage

INSTRUCȚIUNI :
a) Preîncălziți cuptorul la 150c/300f/gaz 2.
b) Tapetați o foaie de copt cu pergament de copt antiaderent și trageți pe un cerc de 22 cm/9 inchi. Pentru bezea: bateți albușurile spumă și sarea într-un castron mare și curat până se formează vârfuri tari.
c) Adaugă zahărul câte o treime, amestecând bine între fiecare adăugare până când devine tare și foarte strălucitor. Se presară peste făina de porumb, crema de tartru, oțet și extract de vanilie și se incorporează ușor.
d) Puneți bezeaua pe hârtie în interiorul cercului, asigurându-vă că există o adâncime substanțială în centru.
e) Puneți la cuptor și reduceți imediat căldura la 120c/250f/Gas ¼ și gătiți timp de 1½-2 ore până când maro deschis, dar puțin moale în centru. Opriți cuptorul, lăsați ușa ușor întredeschisă și lăsați să se răcească complet.
f) Pentru umplutură: Înjumătățiți fructul pasiunii și scoateți pulpa. Curățați și feliați selecția de fructe după cum este necesar.
g) Puneți smântâna într-un bol și bateți până se îngroașă, apoi adăugați crema fraiche. Decojiți hârtia de pe pavlova și puneți-o pe o farfurie.
h) Îngrămădiți amestecul de smântână și aranjați fructele deasupra, terminând cu pulpa de fructul pasiunii. Serviți deodată.

54. Sorbet tropical Margarita

INGREDIENTE:
- 1 cană zahăr
- 1 cană piure de fructul pasiunii
- 1½ kilograme de mango coapte, decojite, fără sâmburi și tăiate cuburi
- Coaja rasa a 2 lime
- 2 linguri Blanco (alb) tequila
- 1 lingura lichior de portocale
- 1 lingura sirop de porumb usor
- ½ lingurita sare kosher

INSTRUCȚIUNI:
a) Într-o cratiță mică, combinați zahărul și piureul de fructul pasiunii.
b) Aduceți la fiert la foc mediu, amestecând pentru a se dizolva
c) zahăr. Se ia de pe foc si se lasa sa se raceasca.
d) Într-un blender, combinați amestecul de fructul pasiunii, mango cubulețe, coaja de lămâie, tequila, lichior de portocale, sirop de porumb și sare. Se face piure până la omogenizare.
e) Se toarnă amestecul într-un bol, se acoperă și se da la rece până la rece, cel puțin 4 ore sau până la noapte.
f) Congelați și amestecați într-un aparat de înghețată conform instrucțiunilor producătorului.
g) Pentru o consistență moale (cea mai bună, după părerea mea), serviți imediat sorbetul; pentru o consistență mai fermă, transferați-l într-un recipient, acoperiți-l și lăsați-l să se întărească la congelator timp de 2 până la 3 ore.

55.Gelat tropical cu nucă de cocos și ananas

INGREDIENTE:
- 1 ou
- 50 de grame de zahăr
- 250 ml lapte de cocos
- 200 ml smântână groasă
- ½ dintr-un ananas întreg Ananas proaspăt
- 1 rom

INSTRUCȚIUNI:

a) Utilizați castronul cel mai mare, deoarece veți amesteca toate ingredientele în același castron pe care îl veți folosi pentru a bate frișca.

b) Separam galbenusul de ou si albusul. Faceți o bezea tare folosind albușul de ou și jumătate din zahăr. Combinați cealaltă jumătate de zahăr cu gălbenușul de ou și amestecați până se alb.

c) Bateți smântâna groasă până se formează vârfuri ușor moi. Adăugați laptele de cocos și amestecați ușor.

d) Fie toacă mărunt ananasul, fie îl zdrobește cu un blender într-o pastă ușor grosieră.

e) Pregătirea este completă în acest moment. Nu e nevoie să fii prea precis. Amestecă totul în bolul cu smântână groasă și lapte de cocos. De asemenea, se adauga bezeaua si se amesteca bine.

f) Se toarnă într-o cutie Tupperware și se congelează pentru a termina. Nu trebuie să-l amesteci la jumătate.

g) Dacă tocați ananasul într-o pastă netedă, rezultatul va fi mai mătăsos și va fi mai degrabă un gelato autentic.

h) După ce ați luat gelato-ul în feluri de mâncare, încercați să turnați un strop de rom. Are un gust uimitor, la fel ca un cocktail piña colada.

56.Fleac tropical

INGREDIENTE:
- Trei cutii de 12 uncii de lapte evaporat
- 4 cani de lapte integral
- 1 cană Plus 2 linguri zahăr
- 6 gălbenușuri ușor bătute
- 2 linguri Sherry dulce sau vin de desert
- 1 lingurita de vanilie
- 1 cană căpșuni tăiate felii
- 12 felii de prăjitură de o zi sau 24 Ladyfinger sau 36 de macaroons
- 3 mango, decojite și feliate
- 5 kiwi, decojite și feliate
- 1 cană de struguri roșii fără semințe tăiați la jumătate

INSTRUCȚIUNI:
a) Încinge laptele într-o cratiță la foc mic.
b) Adăugați 1 cană de zahăr și gălbenușuri, amestecând încet, astfel încât ouăle să nu se formeze.
c) Continuați să gătiți, amestecând constant, până când amestecul devine foarte gros.
d) Nu lasati sa fiarba sau se va coagula. Adăugați sherry și vanilie.
e) Scoateți de pe căldură și răciți. Combinați fructele de pădure cu 2 linguri de zahăr și lăsați deoparte.
f) Tapetați un fel de mâncare cu felii de tort.
g) Peste tort se toarnă jumătate din crema răcită, apoi se adaugă jumătate din fructe, inclusiv fructele de pădure.
h) Adăugați un alt strat de prăjitură și acoperiți cu crema rămasă, apoi fructe.
i) Dati la frigider pana in momentul servirii. Dacă doriți, presărați mai mult sherry peste fleac înainte de servire.

57.Înghețată tropicală

INGREDIENTE:
- Înghețată de vanilie rulată
- 1½ căni bucăți de mango congelate dezghețate
- Colorant alimentar galben

TOPING
- Frisca de cocos, decongelata
- Mango proaspăt, tocat
- Chipsuri de cocos prăjite

INSTRUCȚIUNI:
a) Pregătiți înghețată cu vanilie conform instrucțiunilor, cu excepția combinării ingredientelor într-un blender cu 1-½ cani de bucăți de mango congelate dezghețate și nuanță cu colorant alimentar galben.
b) Acoperiți și amestecați până la omogenizare.
c) Acoperiți rulourile congelate cu frișcă de cocos dezghețată, mango tocat și chipsuri de cocos prăjite.

58.Mousse de fructe tropicale

INGREDIENTE:
- 1 cană suc de ananas neîndulcit
- 1 cană suc proaspăt de fructe de pădure organice
- 1 cana frisca neindulcita

INSTRUCȚIUNI:
a) Se încălzește la foc mare.
b) Reduceți focul la mediu și fierbeți, amestecând continuu, timp de 5 minute până când amestecul se îngroașă.
c) Se ia de pe foc și se răcește complet.
d) Îndoiți frișca în amestecul de suc răcit.
e) Se pune în 6 feluri de servire individuale și se dă la frigider până se răcește.

59.Șerbet cu fructe tropicale

INGREDIENTE:
- 2 cesti de fructe tropicale coapte si tocate
- 1 cană sirop de zahăr
- 2 lime
- 1 cană lapte integral sau lapte de unt

INSTRUCȚIUNI:

a) Faceți piure sau amestecați fructele tropicale, apoi apăsați printr-o sită cu ochiuri fine dacă vă place o textură netedă.

b) Se amestecă siropul de zahăr, coaja rasă fin de la 1 lămâie și sucul ambelor, și laptele.

c) Se toarnă într-un recipient de congelare și se îngheață, folosind metoda de amestecare manuală, despărțindu-se de două sau de trei ori în timpul congelării.

d) Congelați până când se întăresc, apoi înmuiați în cojile mici de ananas sau feluri de mâncare de servire, tăiate la jumătate, și stropiți cu nucșoară proaspăt rasă.

e) Serviți cu fructe tropicale mici, cum ar fi litchi, struguri sau bucăți prăjite de nucă de cocos proaspătă.

f) Această înghețată poate fi congelată până la 1 lună.

g) Scoateți din congelator cu 10 minute înainte de servire pentru a se înmoaie.

60.Popsicles de mango, nucă de cocos, chia

INGREDIENTE:
- 2 mango coapte, decojite și fără sâmburi
- 1 cană lapte de cocos
- 2 linguri miere sau sirop de artar
- 2 linguri de seminte de chia

INSTRUCȚIUNI:
a) Într-un blender, combinați mangoul copt, laptele de cocos și mierea sau siropul de arțar.
b) Se amestecă până când este omogen și cremos.
c) Se amestecă semințele de chia și se lasă amestecul să stea timp de 5 minute pentru a permite semințelor de chia să se îngroașe.
d) Turnați amestecul de mango, nucă de cocos, chia, în forme pentru popsicle.
e) Introduceți bețișoare de popsicle și congelați cel puțin 4 ore sau până când sunt complet înghețate.
f) Odată înghețați, scoateți popsicles-urile din forme și bucurați-vă de paletele tropicale chia cu mango și cocos într-o zi fierbinte!

61. Panna Cotta de mango, nucă de cocos

INGREDIENTE:
- 1 cană piure de mango
- 1 cană lapte de cocos
- ¼ cană zahăr
- 1 lingurita extract de vanilie
- 2 lingurițe de gelatină pudră
- 2 linguri de apa

INSTRUCȚIUNI:
a) Într-un castron mic, se presară gelatină peste apă și se lasă să înflorească timp de 5 minute.
b) Într-o cratiță, încălziți piureul de mango, laptele de cocos, zahărul și extractul de vanilie la foc mediu până când începe să fiarbă.
c) Luați de pe foc și adăugați gelatina înflorită până se dizolvă complet.
d) Turnați amestecul în pahare de servire individuale sau ramekine.
e) Se da la frigider pentru cel putin 4 ore sau pana se fixeaza.
f) Se servește rece și se ornează cu felii de mango proaspete sau nucă de cocos mărunțită.

62.Cupcakes Piña Colada

INGREDIENTE:
- 1 ½ cană de făină universală
- 1 ½ linguriță de praf de copt
- ¼ lingurita sare
- ½ cană unt nesărat, înmuiat
- 1 cană zahăr granulat
- 2 ouă mari
- 1 lingurita extract de vanilie
- ½ cană suc de ananas conservat
- ¼ cană lapte de cocos
- ¼ cană nucă de cocos măruntită

INSTRUCȚIUNI:
a) Preîncălziți cuptorul la 350 ° F (175 ° C) și tapetați o tavă de brioșe cu căptușeală de cupcake.
b) Într-un castron, amestecați făina, praful de copt și sarea.
c) Într-un castron mare separat, cremă împreună untul și zahărul până devine ușor și pufos.
d) Bateți ouăle, pe rând, urmate de extractul de vanilie.
e) Adăugați treptat ingredientele uscate la ingredientele umede, alternând cu suc de ananas și lapte de cocos.
f) Încorporați nuca de cocos măruntită.
g) Împărțiți aluatul în mod egal printre căptușele de cupcake.
h) Coaceți 18-20 de minute, sau până când o scobitoare introdusă în centru iese curată.
i) Scoateți din cuptor și lăsați cupcakes-urile să se răcească complet.
j) Frost cu cremă de unt de cocos și ornează cu bucăți de ananas și nucă de cocos măruntită.

63. Mousse de fructe ale pasiunii

INGREDIENTE:
- 1 cană pulpă de fructul pasiunii (strecurată pentru a îndepărta semințele)
- 1 cană smântână groasă
- ½ cană lapte condensat îndulcit
- ½ linguriță extract de vanilie
- Seminte proaspete de fructul pasiunii pentru garnitura (optional)

INSTRUCȚIUNI:
a) Într-un castron, bateți smântâna grea până se formează vârfuri moi.
b) Într-un castron separat, combinați pulpa de fructul pasiunii, laptele condensat îndulcit și extractul de vanilie. Amesteca bine.
c) Îndoiți ușor frișca în amestecul de fructul pasiunii până se încorporează bine.
d) Turnați amestecul în pahare de servire sau ramekine.
e) Se da la frigider pentru cel putin 2 ore, sau pana se fixeaza.
f) Înainte de servire, se ornează cu semințe proaspete de fructul pasiunii, dacă se dorește.
g) Bucurați-vă de aromele ușoare și tropicale ale mousse-ului cu fructul pasiunii.

64.Orez lipicios de mango

INGREDIENTE:
- 1 cană de orez lipicios (orez lipicios)
- 1 cană lapte de cocos
- ½ cană zahăr granulat
- ¼ lingurita sare
- 2 mango coapte, feliate
- Seminte de susan prajite pentru garnitura (optional)

INSTRUCȚIUNI:
a) Clătiți orezul glutinos sub apă rece până când apa devine limpede.
b) Într-o cratiță, combinați orezul clătit, laptele de cocos, zahărul și sarea.
c) Gatiti amestecul la foc mediu-mic, amestecand des, pana cand orezul absoarbe lichidul si devine lipicios si fraged (aproximativ 20-25 de minute).
d) Se ia de pe foc si se lasa sa se raceasca putin.
e) Serviți orezul lipicios de mango așezând o grămadă de orez lipicios pe o farfurie sau un bol și aranjați deasupra mango feliate.
f) Se presara cu seminte de susan prajite pentru un plus de crocant si aroma de nuca.

65. Cheesecake cu guava

INGREDIENTE:
PENTRU CRASTĂ:
- 1 ½ cană de firimituri de biscuiți Graham
- 1/4 cană unt topit
- 2 linguri de zahar granulat

PENTRU Umplutura:
- 24 uncii (680 g) cremă de brânză, moale
- 1 cană zahăr granulat
- 3 ouă mari
- 1 lingurita extract de vanilie
- 1 cană de pastă de guava, topită și răcită

PENTRU TOPPING DE GUIAVA:
- 1 cană piure de guava sau suc de guava
- 1/4 cană zahăr granulat
- 1 lingura amidon de porumb
- 1 lingura apa

INSTRUCȚIUNI:

a) Preîncălziți cuptorul la 325°F (163°C). Ungeți o tavă cu arc de 23 cm (9 inchi) și lăsați-o deoparte.

b) Într-un castron mediu, combinați firimiturile de biscuit Graham, untul topit și zahărul granulat pentru crustă. Se amestecă bine până când amestecul seamănă cu nisipul umed.

c) Apăsați uniform amestecul de pesmet pe fundul tăvii elastice pregătite. Folosiți dosul unei linguri sau un pahar cu fund plat pentru a-l apăsa ferm.

d) Într-un castron mare de amestecare, bateți crema de brânză și zahărul granulat împreună până când devine omogen și cremos. Adaugam ouale pe rand, batand bine dupa fiecare adaugare. Se amestecă extractul de vanilie.

e) Se toarnă pasta de guava topită și răcită în amestecul de cremă de brânză și se bate până se omogenizează bine. Asigurați-vă că nu există bulgări.

f) Turnați umplutura de cheesecake peste crustă în tava cu arc. Se netezește partea de sus cu o spatulă.

g) Așezați tava cu arc pe o foaie de copt pentru a prinde eventualele scurgeri în timpul coacerii. Coaceți în cuptorul preîncălzit pentru aproximativ 55-60 de minute, sau până când marginile sunt setate și centrul este ușor agitat.

h) Scoateți cheesecake-ul din cuptor și lăsați-l să se răcească la temperatura camerei. Apoi, pune-l la frigider pentru cel puțin 4 ore sau peste noapte pentru a se întări complet.

i) În timp ce cheesecake-ul se răcește, pregătiți toppingul de guava. Într-o cratiță, combinați piureul de guava sau sucul de guava, zahărul granulat, amidonul de porumb și apa. Se amestecă bine pentru a dizolva amidonul de porumb.

j) Puneti cratita la foc mediu si gatiti, amestecand continuu, pana cand amestecul se ingroasa si ajunge la un clocot usor. Se ia de pe foc si se lasa sa se raceasca.

k) Odată ce cheesecake-ul este complet răcit și întărit, scoateți-l din tava cu arc. Se toarnă toppingul de guava peste cheesecake, răspândindu-l uniform.

l) Puneți cheesecake-ul la frigider pentru aproximativ 1 oră pentru a permite topping-ului de guava să se întărească.

66.Tort cu susul în jos cu ananas

INGREDIENTE:
PENTRU TOPING:
- ¼ cană unt nesărat
- ⅔ cană zahăr brun la pachet
- 1 conserve (20 oz) felii de ananas, scurse
- Cireșe Maraschino pentru ornat

Pentru tort:
- 1 ½ cană de făină universală
- 2 lingurite praf de copt
- ½ lingurita sare
- ½ cană unt nesărat, înmuiat
- 1 cană zahăr granulat
- 2 ouă mari
- 1 lingurita extract de vanilie
- ½ cană suc de ananas

INSTRUCȚIUNI:
a) Preîncălziți cuptorul la 350°F (175°C) și ungeți o tavă rotundă pentru tort de 9 inchi.
b) Într-o cratiță, topește untul pentru topping la foc mediu.
c) Se amestecă zahărul brun până se dizolvă și clocotește.
d) Se toarnă amestecul în tava unsă cu unt, răspândindu-l uniform.
e) Aranjați felii de ananas deasupra amestecului de zahăr brun. Așezați o cireșă maraschino în centrul fiecărei felii de ananas.
f) Într-un castron, amestecați făina, praful de copt și sarea pentru tort.
g) Într-un castron mare separat, cremă împreună untul și zahărul până devine ușor și pufos.
h) Bateți ouăle, pe rând, urmate de extractul de vanilie.
i) Adăugați treptat ingredientele uscate la ingredientele umede, alternând cu sucul de ananas.
j) Turnați aluatul peste feliile de ananas din tava de tort.
k) Coaceți 40-45 de minute, sau până când o scobitoare introdusă în centru iese curată.
l) Scoatem din cuptor si lasam prajitura sa se raceasca in tava timp de 10 minute.
m) Răsturnează tortul pe o farfurie de servire, îndepărtând cu grijă tava.
n) Serviți tortul cu ananas cu susul în jos cald sau la temperatura camerei, prezentând toppingul de ananas caramelizat.

67. Macaroane cu nucă de cocos

INGREDIENTE:
- 2 ⅔ căni de nucă de cocos măruntită
- ⅔ cană lapte condensat îndulcit
- 1 lingurita extract de vanilie

INSTRUCȚIUNI:
a) Preîncălziți cuptorul la 325 ° F (163 ° C) și tapetați o tavă de copt cu hârtie de copt.
b) Într-un castron, combinați nuca de cocos măruntită, laptele condensat îndulcit și extractul de vanilie. Se amestecă bine până se combină complet.
c) Folosind o lingură sau o lingură pentru prăjituri, aruncați movile rotunjite din amestecul de nucă de cocos pe foaia de copt pregătită, distanțați-le la aproximativ 2 inci.
d) Coaceți 15-18 minute, sau până când marginile sunt aurii.
e) Scoatem din cuptor si lasam macaroanele sa se raceasca pe tava pentru cateva minute.
f) Transferați macaroanele pe un grătar pentru a se răci complet.
g) Opțional: stropiți ciocolată topită peste macaroanele răcite pentru un plus de dulceață și aromă.
h) Servește macaroanele cu nucă de cocos ca un desert tropical delicios și mestecat.

68. Înghețată cu ananas și nucă de cocos

INGREDIENTE:
- 2 cani de lapte de cocos conservat
- 1 cană de ananas zdrobit, scurs
- ½ cană zahăr granulat
- 1 lingurita extract de vanilie

INSTRUCȚIUNI:

a) Într-un blender sau robot de bucătărie, combinați laptele de cocos, ananasul zdrobit, zahărul și extractul de vanilie. Se amestecă până se omogenizează și se combină bine.

b) Turnați amestecul într-un aparat de înghețată și amestecați conform instrucțiunilor producătorului.

c) Odată ce înghețata ajunge la o consistență moale, transferați-o într-un recipient cu capac.

d) Congelați înghețata pentru câteva ore sau pana când este fermă.

e) Servește înghețata de ananas și cocos în boluri sau conuri și bucură-te de aromele tropicale.

69. Budincă de orez cu nucă de cocos

INGREDIENTE:
- 1 cană de orez iasomie
- 2 căni de apă
- 2 cani de lapte de cocos
- ½ cană zahăr granulat
- ½ lingurita sare
- ½ linguriță extract de vanilie
- Fulgi de nucă de cocos prăjiți pentru garnitură (opțional)

INSTRUCȚIUNI:
a) Într-o cratiță, combinați orezul cu iasomie și apa. Aduceți la fierbere, apoi reduceți focul la mic, acoperiți și fierbeți timp de aproximativ 15 minute sau până când orezul este fiert și apa este absorbită.
b) Adăugați lapte de cocos, zahăr granulat, sare și extract de vanilie la orezul fiert. Se amestecă bine pentru a se combina.
c) Gatiti amestecul la foc mediu-mic, amestecand din cand in cand, timp de 15-20 de minute sau pana cand orezul absoarbe laptele de cocos si budinca se ingroasa.
d) Se ia de pe foc si se lasa sa se raceasca putin.
e) Servește budinca de orez cu nucă de cocos caldă sau rece.
f) Decorați cu fulgi de cocos prăjiți pentru un plus de textură și aromă.

70. Tartă cu mango și cocos

INGREDIENTE:
PENTRU CRASTĂ:
- 1 ½ cană de firimituri de biscuiți Graham
- ¼ cană zahăr granulat
- ½ cană unt nesărat, topit

PENTRU Umplutura:
- 2 căni bucăți de mango coapte
- 1 cană lapte de cocos
- ½ cană zahăr granulat
- ¼ cană amidon de porumb
- ¼ lingurita sare
- ½ cană nucă de cocos măruntită
- Mango feliat pentru garnitură (opțional)

INSTRUCȚIUNI:

a) Preîncălziți cuptorul la 350°F (175°C) și ungeți o tavă de tartă de 9 inchi.
b) Într-un castron, combinați firimiturile de biscuiți Graham, zahărul granulat și untul topit pentru crustă. Amesteca bine.
c) Apăsați amestecul de crustă în fundul și părțile laterale ale tăvii de tartă, creând un strat uniform.
d) Coaceți crusta timp de 10 minute, apoi scoateți-o din cuptor și lăsați-o să se răcească.
e) Într-un blender sau robot de bucătărie, amestecați bucățile de mango până la omogenizare.
f) Într-o cratiță, amestecați laptele de cocos, zahărul granulat, amidonul de porumb și sarea pentru umplutură.
g) Gatiti amestecul la foc mediu, amestecand continuu, pana se ingroasa si ajunge la fierbere.
h) Se ia de pe foc și se amestecă amestecul de mango și nuca de cocos mărunțită.
i) Turnați umplutura de nucă de cocos de mango în crusta coptă.
j) Se netezește partea de sus cu o spatulă.
k) Coaceți încă 15-20 de minute, sau până când umplutura este întărită și marginile sunt aurii.
l) Scoatem din cuptor si lasam sa se raceasca complet in tava.
m) După ce s-a răcit, dați la frigider pentru cel puțin 2 ore pentru a se răci și a se întări.
n) Înainte de servire, se ornează cu mango feliat, dacă se dorește.
o) Tăiați și serviți tarta cu mango și cocos ca desert tropical și cremos.

71.Sorbet de lămâie cu papaya

INGREDIENTE:
- 2 căni bucăți de papaya coapte
- ½ cană zahăr granulat
- ¼ cană apă
- Suc de 2 lime
- Coaja de lime pentru garnitură (opțional)

INSTRUCȚIUNI:
a) Într-un blender sau robot de bucătărie, amestecați bucățile de papaya până la omogenizare.
b) Într-o cratiță, amestecați zahărul granulat și apa. Se încălzește la foc mediu până când zahărul este complet dizolvat, creând un sirop simplu.
c) Se ia de pe foc si se lasa siropul simplu sa se raceasca la temperatura camerei.
d) Într-un castron, amestecați papaya și sucul de lămâie.
e) Se amestecă siropul simplu până se combină bine.
f) Turnați amestecul într-un aparat de înghețată și amestecați conform instrucțiunilor producătorului.
g) Transferați sorbetul într-un recipient cu capac și congelați timp de câteva ore sau până când este ferm.
h) Servește sorbetul de lămâie cu papaya în boluri sau conuri.
i) Ornați cu coaja de lime pentru un plus de aromă de citrice.

72.Budincă de banane cu nucă de cocos

INGREDIENTE:
- 3 banane mari coapte
- 1 cutie (13,5 oz) lapte de cocos
- ½ cană zahăr granulat
- ¼ cană amidon de porumb
- ¼ lingurita sare
- 1 lingurita extract de vanilie
- ½ cană nucă de cocos mărunțită pentru garnitură (opțional)

INSTRUCȚIUNI:
a) Într-un blender sau robot de bucătărie, amestecați bananele coapte până la omogenizare.
b) Într-o cratiță, amestecați laptele de cocos, zahărul granulat, amidonul de porumb și sarea.
c) Gatiti amestecul la foc mediu, amestecand continuu, pana se ingroasa si ajunge la fierbere.
d) Se ia de pe foc și se amestecă bananele și extractul de vanilie.
e) Turnați budinca de banane cu nucă de cocos în boluri de servire sau ramekine.
f) Dă la frigider pentru cel puțin 2 ore, sau până când se răcește și se fixează.
g) Înainte de servire, se ornează cu nucă de cocos mărunțită, dacă se dorește.
h) Bucurați-vă de aromele cremoase și tropicale ale budincii de banane cu nucă de cocos.

73. Crumble de ananas și nucă de cocos

INGREDIENTE:
PENTRU Umplutura:
- 4 căni bucăți de ananas proaspăt
- ¼ cană zahăr granulat
- 2 linguri amidon de porumb
- 1 lingura suc proaspat de lamaie

PENTRU GARNITURA DE FIRĂMITE:
- 1 cană de făină universală
- ½ cană zahăr granulat
- ½ cană unt nesărat, topit
- ½ cană nucă de cocos mărunțită

INSTRUCȚIUNI:

a)   Preîncălziți cuptorul la 350°F (175°C) și ungeți o tavă de copt.

b)   Într-un castron, combinați bucățile de ananas, zahărul granulat, amidonul de porumb și sucul de lămâie pentru umplutură. Se amestecă bine până când ananasul este acoperit.

c)   Turnați umplutura de ananas în tava unsă cu unt.

d)   Într-un castron separat, combinați făina universală, zahărul granulat, untul topit și nuca de cocos mărunțită pentru toppingul de crumble. Se amestecă până când amestecul seamănă cu firimituri grosiere.

e)   Presărați uniform topping-ul de crumble peste umplutura de ananas din vasul de copt.

f)   Coaceți timp de 30-35 de minute, sau până când toppingul este maro auriu și umplutura de ananas este spumoasă.

g)   Scoatem din cuptor si lasam sa se raceasca putin.

h)   Servește crumblele de nucă de cocos ananas calde cu o lingură de înghețată de vanilie sau o pătură de frișcă pentru un desert tropical delicios.

BĂUTURI TROPICALE

74.Apa tropicala

INGREDIENTE:
- 1 crenguță proaspătă de mentă sau busuioc
- 1 mandarina, decojita
- ½ mango, decojit și tăiat cubulețe
- Apa filtrata

INSTRUCȚIUNI:
a) Puneți menta, mandarina și mango într-un ulcior de sticlă.
b) Umpleți-l cu apă filtrată.
c) Se pune la macerat 2 ore la frigider.
d) Se toarnă în pahare de servire.

75. Paradis tropical

INGREDIENTE:
- 1 kiwi, decojit și tocat
- 1 boabe de vanilie, despicata pe lungime
- ½ mango, tăiat cubulețe

INSTRUCȚIUNI:
a) Pune mango, kiwi și boabele de vanilie într-un ulcior de 64 uncii.
b) Se pune in apa filtrata sau apa de cocos.
c) Răciți înainte de a servi.

76.Ceai tropical cu gheață

INGREDIENTE:
- 1 cană suc proaspăt de portocale
- 1 cană de ananas
- ½ cană sirop de agave
- 12 căni de apă clocotită
- 12 pliculete de ceai
- 3 căni de sodă de lămâie

INSTRUCȚIUNI:
a) Pune apa clocotita si pliculete de ceai intr-un ceainic;
b) Lăsați-l să se abrupte.
c) Pune la frigider până se răcește.
d) Puneți ananasul și sucul de portocale în blender.
e) Se pasează până când amestecul este omogen și neted.
f) Pune piureul de ananas în ulcior.
g) amestecați siropul de agave și sifonul de lămâie.
h) Se amestecă și se servește rece.

77.Smoothie verde tropical picant

INGREDIENTE:
- 2 căni de frunze de spanac bine împachetate
- 1 cană bucăți de ananas congelate
- 1 cană bucăți de mango congelate
- 1 mandarină mică, decojită și fără sâmburi, sau suc de 1 lime
- 1 cană apă de cocos
- ¼ lingurita piper cayenne (optional)

INSTRUCȚIUNI:
a) Combinați toate ingredientele într-un blender și amestecați la maxim până se omogenizează.
b) Bucurați-vă de frig.

78. Smoothie cu mandarine tropicale

INGREDIENTE:
- 2 mandarine decojite si segmentate
- ½ cană de ananas
- 1 banana congelata

INSTRUCȚIUNI:
a) Se amestecă cu ½ până la 1 cană de lichid.
b) Bucurați-vă

79. Smoothie tropical cu quinoa

INGREDIENTE:
- ¼ cană quinoa fiartă
- ¼ cană lapte de cocos ușor
- ⅓ cană bucăți de mango congelate
- ⅓ cană bucăți de ananas congelate
- ½ banană congelată
- 1 linguriță nucă de cocos măruntită neîndulcită
- 1 lingurita zahar de cocos, dupa gust
- ½ linguriță de vanilie

INSTRUCȚIUNI:

a) Combinați toate ingredientele într-un blender până la omogenizare.

b) Reglați consistența după gust adăugând mai mult lapte pentru un smoothie mai subțire și gheață sau puțin iaurt pentru un smoothie mai gros.

c) Bucurați-vă!

80.Tropicala

INGREDIENTE:
- ½ cană de ananas
- ½ portocală medie cu buric decojită
- 10 migdale
- ¼ cană lapte de cocos
- O felie de ¼ inch de ghimbir proaspăt
- 1 lingura suc proaspat de lamaie
- ¼ de linguriță de turmeric măcinat sau o felie de ¼ de inch proaspătă
- 4 cuburi de gheata

INSTRUCȚIUNI:
a) Combină toate ingredientele într-un blender și pasează până la omogenizare.

81. Pina Colada

INGREDIENTE:
- 2 uncii de rom
- 2 uncii de suc de ananas
- 2 uncii de cremă de nucă de cocos
- Roțită de ananas și cireșe pentru decor

INSTRUCȚIUNI:
a) Umpleți un agitator cu cuburi de gheață.
b) Adăugați rom, sucul de ananas și crema de cocos în agitator.
c) Agită bine.
d) Se strecoară amestecul într-un pahar umplut cu gheață.
e) Se ornează cu o felie de ananas și cireșe.
f) Serviți și bucurați-vă!

82.Daiquiri cu căpșuni

INGREDIENTE:
- 2 uncii de rom
- 1 uncie suc de lămâie
- 1 uncie sirop simplu
- 4-5 căpșuni proaspete
- Cuburi de gheata
- Căpșuni pentru garnitură

INSTRUCȚIUNI:
a) Într-un blender, combinați romul, sucul de lămâie, siropul simplu, căpșunile proaspete și cuburile de gheață.
b) Se amestecă până când este omogen și cremos.
c) Se toarnă amestecul într-un pahar.
d) Se ornează cu o căpșună.
e) Serviți și bucurați-vă!

83. Margarita tropicală

INGREDIENTE:
- 2 uncii de tequila
- 1 uncie suc de lămâie
- 1 uncie suc de portocale
- 1 uncie suc de ananas
- ½ uncie sirop simplu
- Bucată de lămâie și sare pentru bordură (opțional)

INSTRUCȚIUNI:

a) Dacă doriți, bordați paharul cu sare frecând o bucată de lime în jurul marginii și scufundându-l în sare.

b) Umpleți un agitator cu cuburi de gheață.

c) Adăugați tequila, suc de lămâie, suc de portocale, suc de ananas și sirop simplu în agitator.

d) Agită bine.

e) Se strecoară amestecul în paharul pregătit umplut cu gheață.

f) Se ornează cu o felie de lime.

g) Serviți și bucurați-vă!

84.Mocktail albastru hawaian

INGREDIENTE:
- 2 uncii sirop de curaçao albastru
- 2 uncii de suc de ananas
- 1 uncie cremă de nucă de cocos
- Felii de ananas și cireșe pentru decor

INSTRUCȚIUNI:
a) Umpleți un agitator cu cuburi de gheață.
b) Adăugați sirop de curaçao albastru, sucul de ananas și crema de cocos în agitator.
c) Agită bine.
d) Se strecoară amestecul într-un pahar umplut cu gheață.
e) Se ornează cu o felie de ananas și cireșe.
f) Serviți și bucurați-vă de această băutură tropicală nealcoolică vibrantă!

85. Mocktail Mango Mojito

INGREDIENTE:
- 1 mango copt, decojit și tăiat cuburi
- 1 uncie suc de lămâie
- 1 uncie sirop simplu
- 6-8 frunze de mentă proaspătă
- Apa minerala
- Feliie de mango și crenguță de mentă pentru decor

INSTRUCȚIUNI:
a) Într-un pahar, amestecați cuburile de mango cu suc de lămâie și sirop simplu.
b) Adăugați cuburi de gheață și frunze de mentă rupte.
c) Acoperiți cu apă sodă.
d) Se amestecă ușor.
e) Se ornează cu o felie de mango și o crenguță de mentă.
f) Servește și bucură-te de acest mocktail răcoritor!

86.Limead de cocos

INGREDIENTE:
- 1 cană apă de cocos
- ¼ cană suc de lămâie
- 2 linguri sirop simplu
- Felii de lime și frunze de mentă pentru ornat

INSTRUCȚIUNI:
a) Într-un ulcior, combinați apa de cocos, sucul de lămâie și siropul simplu.
b) Se amestecă bine pentru a se amesteca.
c) Adăugați cuburi de gheață în paharele de servire.
d) Turnați limea de cocos peste gheața din fiecare pahar.
e) Se ornează cu felii de lime și frunze de mentă.
f) Se amestecă ușor înainte de servire.
g) Bucurați-vă de aromele răcoritoare și acidulate ale acestui mocktail tropical cu limead!

87. Sangria tropicală

INGREDIENTE:
- 1 sticla de vin alb
- 1 cană suc de ananas
- ½ cană suc de portocale
- ¼ cană rom
- 2 linguri sirop simplu
- Fructe tropicale asortate
- Club sifon (optional)
- Frunze de menta pentru decor

INSTRUCȚIUNI:
a) Într-un ulcior mare, combinați vinul alb, sucul de ananas, sucul de portocale, romul și siropul simplu.
b) Se amestecă bine pentru a se amesteca.
c) Adăugați fructele tropicale feliate în ulcior.
d) Se da la frigider pentru cel putin 1 ora pentru a permite aromelor sa se topeasca.
e) Pentru a servi, turnați sangria tropicală în pahare pline cu gheață.
f) Dacă doriți, acoperiți cu un strop de sifon de club pentru epuizare.
g) Se ornează cu frunze de mentă.
h) Sorbiți și bucurați-vă de sangria tropicală fructată și răcoritoare!

88. Răcitor de pepene verde

INGREDIENTE:
- 2 căni de pepene proaspăt, tăiat cubulețe
- Suc de 2 lime
- 2 linguri miere
- 1 cană apă spumante
- Felii de pepene verde și crenguțe de mentă pentru decor

INSTRUCȚIUNI:
a) Într-un blender, amestecați pepenele verde până la omogenizare.
b) Strecurați sucul de pepene verde într-un ulcior pentru a îndepărta orice pulpă.
c) Adăugați suc de lămâie și miere în ulcior.
d) Se amestecă bine pentru a dizolva mierea.
e) Chiar înainte de servire, adăugați apă spumante în ulcior și amestecați ușor.
f) Turnați răcitorul de lămâie cu pepene verde în pahare pline cu gheață.
g) Se ornează cu felii de pepene verde și crenguțe de mentă.
h) Sorbiți și bucurați-vă de acest răcitor tropical răcoritor și hidratant!

89.Ceai verde de mango

INGREDIENTE:
- 2 cani de ceai verde preparat, racit
- 1 cană bucăți de mango coapte
- 1 lingura miere (optional)
- Cuburi de gheata
- Felii de mango pentru decor

INSTRUCȚIUNI:
a) Într-un blender, amestecați bucățile de mango coapte până la omogenizare.
b) Într-un ulcior, combinați ceaiul verde preparat și piureul de mango.
c) Se amestecă bine pentru a se amesteca.
d) Dacă doriți, adăugați miere pentru a îndulci ceaiul.
e) Umpleți paharele de servire cu cuburi de gheață.
f) Turnați ceaiul verde de mango peste gheața din fiecare pahar.
g) Se ornează cu felii de mango.
h) Se amestecă ușor înainte de servire.
i) Bucurați-vă de aromele tropicale ale acestui ceai verde de mango răcoritor!

90.Pumn tropical

INGREDIENTE:
- 2 căni de suc de ananas
- 1 cană suc de portocale
- ½ cană suc de afine
- ¼ cană suc de lămâie
- 2 căni de bere de ghimbir
- Felii de ananas și felii de portocale pentru decor

INSTRUCȚIUNI:

a) Într-un ulcior, combinați sucul de ananas, sucul de portocale, sucul de afine și sucul de lamaie.
b) Se amestecă bine pentru a se amesteca.
c) Chiar înainte de servire, adăugați ginger ale în ulcior și amestecați ușor.
d) Umpleți paharele de servire cu cuburi de gheață.
e) Turnați punch-ul tropical peste gheața din fiecare pahar.
f) Se ornează cu felii de ananas și felii de portocale.
g) Se amestecă ușor înainte de servire.
h) Bucurați-vă de aromele fructate și tropicale ale acestui punch răcoritor!

91. Ceai cu gheață Hibiscus

INGREDIENTE:
- 4 căni de apă
- 4 pliculete de ceai de hibiscus
- ¼ cană miere sau zahăr (ajustați după gust)
- Felii de lamaie si frunze de menta pentru decor

INSTRUCȚIUNI:
a) Într-o cratiță, aduceți apa la fiert.
b) Luați de pe foc și adăugați pliculețe de ceai de hibiscus.
c) Lăsați ceaiul la infuzat timp de 10-15 minute.
d) Scoateți pliculețele de ceai și amestecați cu miere sau zahăr până se dizolvă.
e) Lăsați ceaiul să se răcească la temperatura camerei, apoi dați la frigider până se răcește.
f) Umpleți paharele de servire cu cuburi de gheață.
g) Turnați ceaiul cu gheață de hibiscus peste gheața din fiecare pahar.
h) Se ornează cu felii de lămâie și frunze de mentă.
i) Se amestecă ușor înainte de servire.
j) Sorbiți și bucurați-vă de ceaiul vibrant și revigorant de hibiscus!

92.Cafea cu gheață tropicală

INGREDIENTE:
- 1 cană cafea preparată, rece
- ½ cană lapte de cocos
- ¼ cană suc de ananas
- 1 lingură miere sau zahăr (ajustați după gust)
- Cuburi de gheata

INSTRUCȚIUNI:
a) Într-un pahar, combinați cafeaua preparată rece, laptele de cocos, sucul de ananas și mierea sau zahărul.
b) Se amestecă bine pentru a se amesteca și a dizolva îndulcitorul.
c) Umpleți un pahar separat cu cuburi de gheață.
d) Turnați cafeaua tropicală cu gheață peste gheață.
e) Se amestecă ușor înainte de servire.
f) Bucurați-vă de răsucirea tropicală a unei cafele cu gheață clasică!

CONDIMENTE TROPICALE

93. Salsa de ananas-papaya

INGREDIENTE:
- 2 cani de ananas proaspat tocat
- 1 papaya coaptă, decojită, fără semințe și tăiată cubulețe de 1/4 inch
- 1/2 cană ceapă roșie tocată
- 1/4 cană coriandru sau pătrunjel proaspăt tocat
- 2 linguri suc proaspăt de lămâie
- 1 lingurita otet de cidru
- 2 lingurite de zahar
- 1/4 linguriță sare
- 1 ardei iute roșu mic, fără semințe și tocat

INSTRUCȚIUNI:

a) Într-un castron de sticlă, combinați toate ingredientele, amestecați bine, acoperiți și lăsați deoparte la temperatura camerei timp de 30 de minute înainte de servire sau puneți la frigider până este gata de utilizare.

b) Această salsa are cel mai bun gust dacă este folosită în aceeași zi în care este făcută, dar păstrată corespunzător, se va păstra până la 2 zile.

94. Salsa de mango

INGREDIENTE:
- 2 mango coapte, taiate cubulete
- ½ cană ardei gras roșu tăiat cubulețe
- ¼ cană ceapă roșie tăiată cubulețe
- 1 ardei jalapeno, fara samburi si tocat marunt
- Suc de 1 lime
- 2 linguri coriandru proaspăt tocat
- Sare si piper dupa gust

INSTRUCȚIUNI:
a) Într-un castron, combinați mango cubulețe, ardeiul gras roșu, ceapa roșie, ardeiul jalapeno, sucul de lămâie și coriandru.
b) Se amestecă bine și se condimentează cu sare și piper.
c) Serviți cu chipsuri tortilla sau ca topping pentru pui sau pește la grătar.
d) Bucurați-vă de salsa de mango răcoritoare și acidulată!

95. Chutney de nucă de cocos și coriandru

INGREDIENTE:
- 1 cană frunze proaspete de coriandru
- ½ cană nucă de cocos mărunțită
- 1 ardei iute verde, fără semințe și tocat
- 2 linguri suc de lamaie
- 1 lingură chana dal prăjită (naut despicat)
- 1 lingura nuca de cocos rasa (optional)
- Sarat la gust

INSTRUCȚIUNI:
a) Într-un blender sau robot de bucătărie, combinați frunzele de coriandru, nuca de cocos mărunțită, ardeiul verde, sucul de lămâie, chana dal prăjit, nuca de cocos rasă (dacă este folosită) și sarea.
b) Mixați până obțineți o consistență netedă și cremoasă.
c) Ajustați sarea și sucul de lămâie după gust.
d) Transferați într-un bol de servire și puneți la frigider până când sunt gata de utilizare.
e) Serviți ca o baie pentru samosas, dosas sau ca un tartinat pentru sandvișuri.

96. Chutney de Tamarind

INGREDIENTE:
- 1 cană pulpă de tamarind
- 1 cană de zahăr brun sau jaggery
- 1 lingurita chimen praf
- 1 lingurita de ghimbir macinat
- ½ linguriță pudră de chili roșu
- Sarat la gust

INSTRUCȚIUNI:

a) Într-o cratiță, combinați pulpa de tamarind, zahăr brun sau jaggery, praf de chimen, ghimbir măcinat, praf de chili roșu și sare.

b) Adăugați 1 cană de apă și aduceți amestecul la fiert.

c) Reduceți focul la mic și lăsați să fiarbă aproximativ 15-20 de minute, amestecând din când în când până când chutney-ul se îngroașă.

d) Se ia de pe foc si se lasa sa se raceasca complet.

e) După ce s-a răcit, se transferă într-un borcan și se păstrează la frigider.

f) Utilizați ca sos pentru samosas și pakoras sau ca condiment pentru feluri de mâncare chaat.

97.Unt de fructul pasiunii

INGREDIENTE:

- 1 cană unt nesărat, înmuiat
- ¼ cană pulpă de fructul pasiunii
- 2 linguri de zahar pudra
- 1 lingurita extract de vanilie

INSTRUCȚIUNI:

a) Într-un castron, combinați untul înmuiat, pulpa de fructul pasiunii, zahărul pudră și extractul de vanilie.

b) Folosiți un mixer electric sau un tel pentru a amesteca ingredientele până când sunt bine combinate și netede.

c) Transferați untul de fructul pasiunii într-un borcan sau un recipient ermetic.

d) Se da la frigider pentru cel putin 1 ora pentru a permite aromelor sa se topeasca.

e) Răspândiți untul cu fructul pasiunii pe pâine prăjită sau clătite sau folosiți-l ca topping pentru deserturi.

98.Sos de semințe de papaya

INGREDIENTE:
- ¼ cană semințe de papaya
- ¼ cană ulei de măsline
- 2 linguri otet de vin alb
- 1 lingura miere
- 1 lingurita mustar de Dijon
- Sare si piper dupa gust

INSTRUCȚIUNI:
a) Într-un blender sau robot de bucătărie, combinați semințele de papaya, uleiul de măsline, oțetul de vin alb, mierea, muștarul de Dijon, sare și piper.
b) Se amestecă până când dressingul este omogen și semințele de papaya sunt bine încorporate.
c) Gustați și ajustați condimentele dacă este necesar.
d) Transferați sosul cu semințe de papaya într-o sticlă sau borcan cu un capac etanș.
e) Agitați bine înainte de folosire.
f) Stropiți dressingul peste salate sau folosiți-l ca marinadă pentru carne sau legume la grătar.

99.Sos BBQ Guava

INGREDIENTE:
- 1 cană pastă de guava
- ½ cană de ketchup
- 2 linguri sos de soia
- 2 linguri otet de mere
- 1 lingura zahar brun
- 1 lingură sos Worcestershire
- 1 lingurita boia afumata
- ½ linguriță de usturoi pudră
- Sare si piper dupa gust

INSTRUCȚIUNI:
a) Într-o cratiță, combinați pasta de guava, ketchup-ul, sosul de soia, oțetul de mere, zahărul brun, sosul Worcestershire, boia de ardei afumată, pudra de usturoi, sare și piper.
b) Gatiti la foc mic, amestecand continuu, pana cand pasta de guava se topeste si sosul se ingroasa.
c) Gustați și ajustați condimentele dacă este necesar.
d) Se ia de pe foc si se lasa sosul BBQ de guava sa se raceasca.
e) Transferați într-un borcan sau sticlă și lăsați la frigider până când sunt gata de utilizare.
f) Utilizați sosul ca glazură pentru pui la grătar sau coaste sau ca sos pentru chiftele sau frigărui.

100.Sos Mango Habanero

INGREDIENTE:
- 2 mango coapte, decojite si tocate
- 2 ardei habanero, fără semințe și tocați
- ¼ cană oțet alb
- 2 linguri suc de lamaie
- 2 linguri miere
- 1 lingurita praf de usturoi
- Sarat la gust

INSTRUCȚIUNI:
a) Într-un blender sau robot de bucătărie, combinați mango tocat, ardeiul habanero, oțetul alb, sucul de lămâie, mierea, pudra de usturoi și sarea.
b) Mixați până obțineți o consistență netedă a sosului.
c) Transferați amestecul într-o cratiță și aduceți-l la fiert la foc mediu.
d) Reduceți focul la mic și lăsați să fiarbă aproximativ 10-15 minute, amestecând din când în când.
e) Se ia de pe foc si se lasa sosul sa se raceasca complet.
f) Transferați sosul de mango habanero într-un borcan sau o sticlă cu un capac etanș.
g) Se da la frigider pana este gata de utilizare.
h) Folosiți sosul ca condiment picant pentru carnea la grătar și sandvișuri sau ca sos pentru chifle de primăvară sau aripioare de pui.

CONCLUZIE

Pe măsură ce ne încheiem călătoria prin „O adevărată sărbătoare a bucătăriei tropicale", sperăm că ați experimentat bucuria și vitalitatea pe care bucătăria tropicală le aduce la masă. Fiecare rețetă din aceste pagini este o sărbătoare a aromelor îmbibate de soare, a ingredientelor exotice și a spiritului festiv care definesc experiența culinară tropicală.

Indiferent dacă te-ai răsfățat cu băuturi răcoritoare pe bază de nucă de cocos, ai savurat mirodeniile aromate ale mâncărurilor inspirate din Caraibe sau te-ai încântat de dulceața deserturilor cu fructe tropicale, avem încredere că aceste 100 de rețete încântătoare au adus un gust de paradis în bucătăria ta. Dincolo de ingrediente și tehnici, fie ca esența sărbătorii tropicale să rămână în mesele tale, adăugând o notă de bucurie demersurilor tale culinare.

Pe măsură ce continuați să explorați tapiseria bogată a gătitului tropical, fie ca această carte de bucate să vă inspire să vă infuzați mesele cu energia și aromele vibrante ale țărmurilor însorite. Iată sărbătoarea supremă a bucătăriei tropicale, unde fiecare fel de mâncare este o evadare culinară în paradis. Noroc pentru a aduce căldura și încântarea tropicelor la masa ta!

www.ingramcontent.com/pod-product-compliance
Lightning Source LLC
Chambersburg PA
CBHW071855110526
44591CB00011B/1427